东京文艺地图

東京のちいさな
美術館・博物館・文学館

〔日〕增山香/著　齐修/译

中国友谊出版公司

contents

阅读本书之前

实际展出内容与开馆时间、门票等信息都有可能发生变化。
本书中标注的门票如无特别提醒，皆为成人用普通门票，团票与贵宾票等特殊票种省略不记。
除书中标记的常规闭馆日外，各馆有可能因更换展品、保护作品等原因临时闭馆（区间票价、开馆时间的特殊情况在文中皆有标记，或以“等”字代替）。
实际出行前请先查看各博物馆、美术馆、文学馆等官方网站或者其他官方宣传资料，确认实际情况后再行决定。
标有版权标志的商品，价格皆为含税。
本书登载的展览信息只代表2016年6–8月的情况。
上述事项敬请注意。

一眼便知详情！

出行前简单了解本书的使用方法，将会对阅读与实践有所帮助。

图标的意义

视觉享受
拥有突出的视觉要素，以观赏为主要目的的设施。具体内容如美丽的画作、独特的立体艺术、雄奇的建筑物等。

知识资源
提供图示解说、影像资料等知识性内容的设施。作品外延知识丰富的美术馆也包含在内。

意外看点
能够给人留下深刻印象的设施，如出其不意的展览形式、难得一见的珍贵展品等。

餐饮空间
内设或者旁邻咖啡馆、餐厅等餐饮空间的设施。

体验活动
体验型展览与体验活动丰富的设施，如研讨会、谈话会、体验工坊等。

门票免费
对于馆内的所有或者主要展区，无论儿童还是成人一律免费的设施。

point 1
图标
展览特点、有无餐馆、门票是否免费等信息一目了然。

设施名称

point 2
看点
列举展馆独具特色、与众不同的要素。

所属区域

point 3
精髓
概括藏品数量、展品特色、观赏方法等要点，一句话读懂博物馆。

point 4
商店与逸事
介绍周边商店或咖啡馆，讲述展览背后的逸闻逸事、意外发现等，相当于正文的番外篇。

欢迎来到美术馆·博物馆·文学馆的世界

个性突出的美术馆、
专业细化的博物馆、
文脉绵长的文学馆……
本书将东京的小型文艺展馆汇集成册，
同时罗列周边的免费景观，
一并介绍神奈川、千叶、埼玉等东京近郊地区的展馆，
方便读者阅读参考。
每一间主题馆都有自己的特色，
个中乐趣等待读者亲自体会。

品川・新桥

海洋生物、翡翠、摄影、物流……
各种稀奇古怪的博物馆遍布大街小巷。
遵从好奇心的驱使，探索海湾城镇的文化宝藏。

满足求知欲与好奇心
在都市中央展开一段小小
的寻奇之旅

原美术馆

造型奇特的美术馆建筑
动人心魄的现代艺术迷宫

新潮建筑中的另类艺术

原美术馆由实业家原邦造的私宅改装而成，1979年开馆时是当时罕有的现代美术馆。整个建筑呈弧形包围庭院，新颖的空间设计为装置艺术提供源源不断的灵感。瓷壁现代感十足，难以想象的是1938年的建成品；纯白的内墙使人印象深刻，展览有需要时则大胆涂换新色。

美术馆的洗手间、森村泰昌的《轮舞》、铃木康广的《募捐箱“泉”》等都是建立在馆内设施基础上的装置艺术品。即使是难以适应现代艺术的客人，也会被馆内新奇别致的设计所吸引。

A. 中庭也是展场的一部分。
B. 森村泰昌《轮舞》1994年。
C. 几何图形糅合自然元素。
D. 奈良美智*My Drawing Room* 2004年8月协助制作：graf.

看点

1
富有韵律感的展览

2
设计巧妙的装置艺术

3
日本现代美术馆的先驱地位

A

B

C

D

Information
TEL：03-3445-0651
东京都品川区北品川 4-7-25
开馆时间：11:00-17:00
（入馆时间截至闭馆前 30 分钟，
星期三 20:00 闭馆，节日除外）
闭馆日：星期一（适逢节日则为星期二）
门票：1100 日元
（小学生与初中生 500 日元，高中生与
大学生 700 日元）
路线：JR 山手线“品川”站下车步行
约 15 分钟
http://www.haramuseum.or.jp

COLUMN

角落里的历史

图为须田悦弘的作品《非饮用水源》。须田在美术馆的原暗室区墙上发现了一张战后时期的标语“This water unfit for drinking”，由此得到启发并将作品取名为“非饮用水源”。即使在如此偏僻之所，历史依然留下了痕迹。

须田悦弘《非饮用水源》2001年

翡翠原石馆

翡翠不只有绿色
探寻宝石深奥之美

屋敷町的自然馆

素有“绿色宝石”之称的翡翠其实拥有透明、薰衣草色、青色等多种颜色，五光十色的惑人外表吸引众多收藏者一掷千金。原石馆馆长鹤见也沉迷于翡翠之美，并将其藏品公开而成立此间翡翠馆。

推开樱花树下的原石馆大门，一幅由翡翠、东陵石、红宝石等10万多颗原石镶嵌而成的壁画赫然入目。馆内珍藏的翡翠浴池由整块翡翠原石挖就，重达10吨，堪称镇馆之宝。浴池最初出于实际使用目的而造，如今虽已无法提供入浴体验，但华贵的作品本身就能给观者带来难以言喻的满足之感。置身于被翡翠包围的浴室里，高贵仿佛透过空气沁入心底。

A. 草木茂盛的原石馆起到保持御殿山水土的功能。
B. 新潟县糸鱼川产的翡翠浴池。
C. 琳琅满目的翡翠展厅。
D. 翡翠铺就的长廊，尽头通向翡翠浴池。

1
重达数吨的翡翠原石

2
装饰有大量翡翠的房间与工艺品

3
茂盛的草木与翡翠相映成趣

A

B

C

D

Information
TEL：03-6408-0313
东京都品川区北品川 4-5-12
开馆时间：10:00-17:00
闭馆日：星期一、节日翌日
门票：700 日元
路线：京急线“北品川”站下车步行约 5 分钟
http://www.hi-su-i.com

COLUMN

翡翠颜色的地域性

翡翠的颜色取决于翡翠所含铁、铬、钛等金属成分的比例，因此翡翠不单只有绿色一种，还有薰衣草色、青色等，在翡翠原产国缅甸还出产日本从未出现过的红色翡翠。在日本，能够打造首饰的翡翠精品都产自新潟县糸鱼川。

东京广告博物馆

广告如同一面镜子
映射出时代背景下广阔的社会图景

令人眼花缭乱的广告

广告即为了广而告之。博物馆立足于这一原点，挖掘广告的内涵与价值，将日本的海报、报纸及未被意识为广告的店铺招牌等众多宣传资料收集于馆内，现藏品多达20万5千件。广告业伴随着报纸、电视等媒体的诞生而兴旺发达，从馆内大量资料中可以追溯广告的历史发展轨迹。

在彩色浮世绘版画展区能够看到七代目市川团十郎宣传牙粉的版画，其构图几乎与当代女演员的化妆品广告别无二致，江户时代设计理念之新颖令人叹为观止。领会到广告的艺术价值所在，就连平常看腻了的广告传单似乎也变得可爱起来。

A. 中心图为日本第一张半裸海报《赤霞珠红酒》。
B. 广告歌曲的影视资料。
C. 江户宣传画——日本现代广告的原型。
D. 各个时代的流行元素汇聚于此。

看点

1
引领时代潮流的广告名作

2
伴随媒体应用迅猛发展的广告历史

3
老少皆宜、雅俗共赏的商业广告

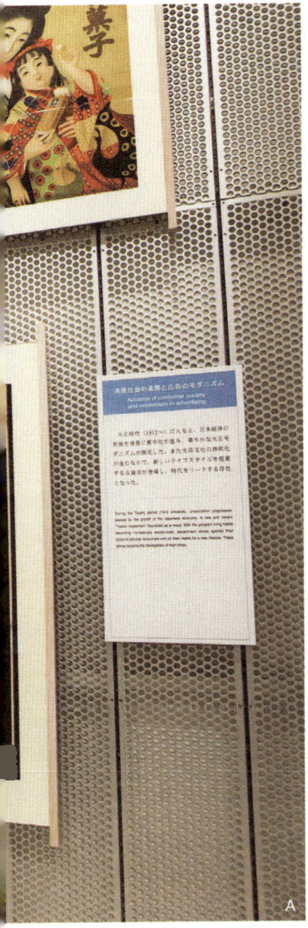
A

B

C

D

Information
TEL：03-6218-2500
东京都港区东新桥 1-8-2
CARETTA 汐留
开馆时间：11:00-18:30
（星期六 11:00-16:30）
闭馆日：星期一、星期日
门票：免费
路线：JR 山手线等“新桥”站下车
步行约 5 分钟
http://www.admt.jp

周边商店

播放广告歌曲的博物馆商店

除了销售海报、明信片等广告周边外，店内还摆放着日本词曲作家三木鸡郎的钢琴，从这台钢琴上曾诞生过众多广告名曲。每逢星期六13:00-15:00这一时段，钢琴会自动演奏《美好的NATIONAL》《格力高杏仁巧克力之歌》等广告歌曲。

旧新桥火车站　铁道历史展览室

FREE

看点

1
遗址正上方的还原建筑

2
地基发掘原貌与出土物展览

3
介绍铁路历史的专题展览

Information
TEL：03-3572-1872
东京都港区东新桥 1-5-3
开馆时间：10:00-17:00
闭馆日：星期一
门票：免费
路线：JR 山手线等 "新桥" 站下车步行 3 ~ 5 分钟（选择路线不同，耗时也不一样）
http://www.ejrcf.or.jp/shinbashi/

支撑日本第一条铁路线的新桥站

明治五年，日本第一条铁道铺设而成，新桥站是这条铁路线的重要站点之一。当年的新桥火车站现已不复存在，今人在原址之上重建了火车站的外观与一部分站台。因竣工时火车站的构造图并未保存下来，还原建筑是建筑师根据两张旧照片与实地调研设计而成的产物。据闻，火车站的重建工程还参考了著名写实画家歌川广重的彩色浮世绘。

从站内透明的玻璃地板可以看到火车站残留的地下构造，人与历史遗迹仅一层之隔。在没有塑料瓶的年代，人们喝水用的陶壶也陈列于馆内。铁路建成之初，对旅行抱有无限幻想的旅客该是如何一副兴奋与期待的表情，似乎也能想象一二。

A. 明治火车站与现代街景的对比。展览室2楼举办火车便当、新干线等铁运相关展览。
B. 用脚丈量历史。

建筑仓库博物馆

看点

1

展出280余件名家建筑模型

2

透视建造过程与建筑师思路

3

模型与实物对比产生乐趣

Information
TEL：03-5769-2133
东京都品川区东品川2-6-10寺田仓库总部大楼1F
开馆时间：11:00—21:00
（入馆时间截至20:00）
闭馆日：星期一（适逢节日则为星期二）
门票：1000日元（未入学儿童免费，高中生以下及未满18岁者500日元）
路线：临海线“天王洲岛”站下车步行约4分钟
http://archi-depot.com

世界珍稀建筑模型专业博物馆

制作建筑模型是日本独一无二的建筑惯例，这一独特性使日本的建筑模型受到来自全世界的关注。建筑仓库博物馆从艺术角度发掘建筑模型的价值，将建筑竣工后失去作用、多被抛弃的建筑模型保存在博物馆中。馆内收藏着隈研吾等日本名家的建筑模型，连同包装箱一并展出。

这其中有许多模型最终未能施工，有的模型只是建筑师的思路体现。细读建筑师亲手写下的构造解析，对比与模型相去甚远的实物案例，联想建筑设计中蕴含的无数可能性，更能体会到现有建筑物的来之不易。

A. 展厅布局交由专业设计事务所负责，从内部陈设到光线效果力求完美。模型包装箱与模型实物一同展出。
B. 展品旁提供电子终端，方便游客查找资料。

东京海洋大学水产资料馆

FREE

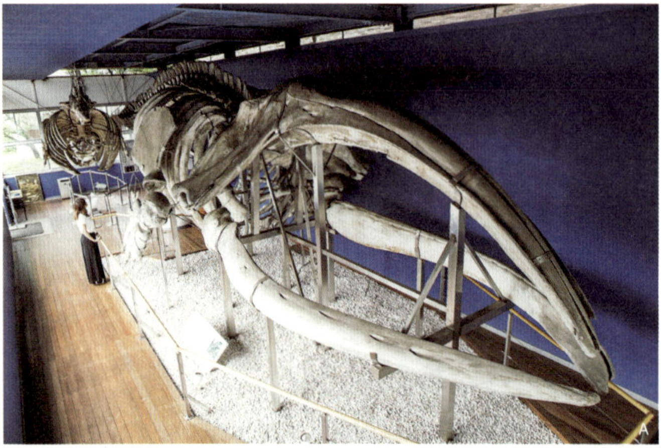

看点

1

多种多样的海洋生物标本

2

不同水域的水生生物展览

3

与人类生活密切相关的生物与渔业展

Information
TEL：03-5463-0430
东京都港区港南 4-5-7
东京海洋大学品川校区内
开馆时间：10:00-16:00
（入馆时间截至 15:30）
（鲸展开放时间：星期六 10:00-15:00）
闭馆日：星期日，节日，每月第二、第四个星期四
门票：免费
路线：JR·京急“品川”站下车步行约 15 分钟
http://www.s.kaiyodai.ac.jp/index.html

海洋生物实物图鉴

踏入博物馆门口，最先映入眼帘的是一艘精巧的训练舰模型。深入馆内，可以看到企鹅、鲨鱼、翻车鱼、龙虾等全世界范围内的海洋生物标本与生物模型。高脚蟹的剥制标本两只手都难以环抱，大型砗磲中似乎随时都可能钻出美人鱼。副楼“鲸展”区陈列着世界最大的北太平洋露脊鲸的完整骨骼标本。养殖区内可以看到牡蛎、鲍鱼、扇贝、蛤蜊、蛤仔等海洋生物体内形成的珍珠。博物馆将生活在不同海域的同种鱼类放在一起对比展示，正如一部巨大的实体生物图鉴，清晰直观的生物形态使人欲罢不能。

A. 充满海洋气息的鲸展。
B. 色系丰富的鱼类标本。食用鱼种类之多出人意料。

昭和NEON高村广告牌博物馆

看点

1
年代久远的木制广告牌

2
适用于现代的新奇设计

3
商品宣传中的奇思妙想

A

Information
TEL：03-3471-4140
东京都品川区南品川 1-7-17
开馆时间：10:00-16:00
闭馆日：星期六、星期日与节日
门票：免费
路线：京急线“新马场”站下车
步行约 5 分钟
http://www.showaneon.co.jp.museumu.html

江户以来的木招牌展览

株式会社昭和 NEON 是一家广告公司，为银座“RICOH”“S&B 食品”等企业设计、制作实体广告招牌。昭和 NEON 高村广告牌博物馆是株式会社昭和 NEON 的社内博物馆，馆内收藏着先代会长高村五郎收集的 180 余件木质广告牌。广告牌按照药物、食品等商品属性分门别类展出，为足够吸人眼球，每一件招牌都在外观设计上下足功夫，相当一部分作品展现出的热忱与投入就连现代人也自愧不如。广告牌因商而生，其艺术价值鲜少人知，一旦买卖停止常遭遗弃。也因此，博物馆收藏的许多广告牌仅此一件，就连商家都再无留存。广告牌中出现的许多行业现已绝迹，即使有畅销品牌能够延续至今，也随时代迁移而历经几度蜕变。

A. 除大名鼎鼎的鬼形腹痛药广告牌之外，其他药类广告设计也亮点频频。

家电历史沿革与名产荟萃

索尼历史资料馆

索尼从最初只拥有20余名员工的小公司发展为如今的综合性跨国企业集团，在这座资料馆里，能够看到索尼历史上诞生的250余件经典产品与相关研发资料。"创意通史"展区内重点展出walkman、昭和二十五年开始贩卖的磁带录音机等划时代产品，从中能够感受到模拟技术的进步与时代潮流的变迁。

TEL：03-5448-4455　东京都品川区北品川6-6-39
开馆时间：10:00-17:00　闭馆日：星期六、星期日、节日与公司假期
门票：免费　路线：JR山手线"品川"站下车步行约15分钟　*完全预约制

专业或业余均可投稿的摄影展

银座佳能画廊

为了促进摄影文化的发展，佳能在日本全国各地开办了7间画廊，银座佳能画廊为其中之一。画廊展壁长达25米，每年举办多场专题展览。公众投稿作品展览为期一周，专业摄影家与业余爱好者机会均等。积极参与，你的作品也会出现在展览墙上。

TEL：03-3542-1860　东京都中央区银座3-9-7
开馆时间：10:30-18:30　闭馆日：星期日、节日与公司假期
门票：免费　路线：东京地铁日比谷线"东银座"站下车步行约3分钟

©畠山直哉

日本第一间画廊的凛冽之美

资生堂画廊

日本现存最早的画廊。自1919年开业以来持续不断地向世人介绍优秀的新人作品。展厅高达5米，通透开阔，是银座地区规模最大的展览室。展品以现代美术为核心，也为资生堂的商品提供了素材与灵感。

TEL：03-3572-3901　中央区银座8-8-3 东京银座资生堂大楼B1
开馆时间：11:00-19:00（星期日与节日为11:00-18:00）
闭馆日：星期一　门票：免费
路线：东京地铁银座线等"银座"站下车步行约4分钟

世界艺术设计生活馆

MMM　Maison des Musées du Monde

提供全世界的美术馆与艺术信息，展览、销售美术馆的周边商品。在馆内图书馆可以看到艺术展会指南，卢浮宫、大英博物馆、凡高美术馆等世界性博物馆的周边商品也有销售。

TEL：03-3574-2380　东京都中央区银座7-7-4 DNP银座ANNEX
开馆时间：11:00-19:00　闭馆日：星期日、节日、年末年初、3月31日、9月30日　门票：免费　http://www.mmm-ginza.org　路线：东京地铁银座线等"银座"站下车步行约5分钟

乡愁里的昭和

昭和生活博物馆

博物馆将昭和二十六年的住宅连同家具、日用品完整地保存下来，再现昭和时期的平民家庭生活图景。茶室、厨房、檐廊里的矮脚饭桌、茶碗等生活用品依然保持原样，住宅内处处充满生活气息，如梦回古朴温暖的昭和时代。如有需要可以申请导游陪同。

TEL：03-3750-1808　东京都大田区南久原2-26-19
开馆时间：10:00-17:00　闭馆日：星期一至星期四、9月上旬
门票：500日元等　路线：东急池上线“久原”站下车步行约8分钟

身着制服，体验驾驶

物流博物馆

介绍从江户至昭和时期物流历史的博物馆。现代物流展区陈列着飞机场、港口、火车站、货车站点等立体模型。通过形象直观的模型、极具亲和力的猜谜游戏及扛米袋等体验活动，向人们介绍物流的运作方式及其与人类生产、生活密不可分的重要意义。

TEL：03-3280-1616　东京都港区高轮4-7-15
开馆时间：10:00-17:00　闭馆日：星期一、每月第四个星期四
门票：200日元等　路线：JR山手线等“品川”站下车步行约7分钟

photo © Eiji INA

以茶具为中心的古艺术品展览

畠山纪念馆

由嗜好茶道的日本实业家畠山一清创立而成，馆内公开展览茶道用具、书画、陶瓷、艺能装束等古艺术品，藏品主要来源于日本、中国与朝鲜三个国家。所藏珍品达1300件，包括藤原佐理的《离洛帖》、相传为赵昌所作的《苹果花图》等6件国宝。

TEL：03-3447-5787　东京都港区白金台2-20-12
开馆时间：10:00-16:30　闭馆日：星期一（适逢节日则为下一个工作日）
门票：700日元等　路线：都营浅草线“高轮台”站下车步行约5分钟

FREE

品尝全国的日本酒

日本酒信息馆

日本酒信息馆的酒库收藏着日本全国1600余家制酒公司生产的日本酒，从中选酒约50种用于试饮与销售。1杯100日元，烧酒、泡盛等多种日本酒随意品尝。结合馆内资料，了解酒的由来，欣赏酒的独到之处。

TEL：03-3519-2091　东京都港区西新桥1-6-15 日本酒造虎之门大厦1F
开馆时间：10:00-18:00　闭馆日：星期六、星期日与节日
门票：免费　路线：东京地铁银座线“虎之门”站下车步行约5分钟

赤坂・六本木

名副其实的艺术园区六本木，
大型美术馆与精品画廊星罗棋布，
各展馆相距不远，一日游也可尽兴。

皇居
皇居
国立国会图书馆
国立国会図書館
赤坂御用地
赤坂御用地
青山一丁目
青山一丁目
赤坂
赤坂
東京メトロ千代田線
东京地铁千代田线
TOTO
ギャラリー・間
p28
TOTO
画廊・間
21_21DESIGN SIGHT
p26
乃木坂
乃木坂
东京中城
東京ミッドタウン
フジフイルム スクエア
写真歴史博物館
p30
富士胶片广场
摄影历史博物馆
菊池宽实纪念智
美术馆
菊池寛実記念
智美術館
p24
六本木一丁目
虎ノ門
虎之门
東京メトロ日比谷線
东京地铁日比谷线
都営三田線
都营三田线
神谷町
神谷町
六本木
OTA FINE ARTS p21
Zen Foto Gallery p31
WAKO WORKS
OF ART p29
IMA Gallery
p31
都营大江户线
都営大江戸線
首都高速3号渋谷線
首都高速3号涩谷线
六本木ヒルズ
六本木之丘
史努比美术馆
スヌーピー
ミュージアム
p30
麻布税務署
麻布税务署
麻布十番
麻布十番
都营大江户线
都営大江戸線
赤羽橋
赤羽桥
御成門
御成门
芝公园
芝公園
芝公園
芝公园
有栖川纪念公园
有栖川
記念公園
漫步于新兴艺术圣地
寻找心之所向的世界
東海道新幹線
东海道新干线
JR山手線
JR山手线
N

东京都庭园美术馆

欣赏世家宫邸的
装饰艺术与绿色庭园

1 装饰派艺术风格建筑[①]

2 华丽的装饰与家居

3 豪宅中的艺术展览

① 装饰派艺术，即 Art Déco，原意为装饰美术，指从 20 世纪初至 20 世纪 30 年代盛行于欧洲与美国的一种装饰风格，特点为采用几何构图、保留原色、色彩对比强烈且形式多变。

B

C

D

富丽堂皇的宫邸本身即艺术

朝香宫鸠彦王夫妻在巴黎留学时被全盛时期的装饰派艺术深深吸引，回国后于昭和八年在日本建造了朝香宫邸，内部统一采用装饰派设计风格。朝香宫邸于昭和五十八年公开成立美术馆，至今几乎没有做过任何修复，光彩依旧。

除了公共空间外，王妃殿下的寝室等私人房间也对外展出。正门玄关、客厅与餐厅的玻璃浮雕吊灯出自工艺大师荷内·莱俪之手，造型精美绝伦，绚丽夺目。宫邸四周环绕绿色庭园，草木葱茏，与建筑相映成趣。馆内展览装饰美术、工艺品与各种现代美术品，细腻的造型与美术馆优雅的气质融为一体。

A. 展品笼罩在枝形吊灯柔美的光芒里。
B. 2015年东京都庭园美术馆被指定为国家文化遗产。
C. 宫邸中央阶梯扶手上雕刻的花纹。
D. 鸠彦王夫妇专用的2楼阳台，现对游客开放。

Information
TEL：03-5777-8600（代理热线）
东京都港区白金台5-21-9
开馆时间：10:00-18:00
闭馆日：每月第二与第四个星期三（与节日重合时，节日后一天工作日为闭馆日）
门票：因展览而异
路线：JR山手线“目黑”站下车步行约7分钟
http://www.teien-art-museum.ne.jp

周边商店

庭园里的美术馆商店

2014年修整美术馆时对正门旁的商店进行了改造。修葺一新的店铺内陈列着与庭园美术馆风格一致的各类商品，如园艺书籍、展览书籍、杂货、皮包、首饰、装饰品等。

菊池宽实纪念 智美术馆

近距离观察陶艺
感受匠师的神思

富于设计感的空间与现代陶艺

智美术馆是日本现代陶艺美术馆，展出包括传统与新潮多种风格在内的现代陶瓷艺术品。馆内收藏日本彩绘瓷器大师藤本能道在国内的所有作品，包括昭和天皇使用过的晚宴餐具套装等。

展厅以红色或者绿色为主基调，突出感官体验。展品不设隔板，游客可近距离观察陶器，从细节感受陶艺匠师对作品倾注的热情。除了日本传统的朴素陶器外，馆内还陈列着各种新式陶器，从不同角度探索陶艺的可能性。

A. 突出设计感的非日常空间。
B. 展品外没有隔板，陶器的形状、色泽等细节清晰呈现在眼前。
C. 具有象征意味的螺旋阶梯。
D. “秋山阳走向始源之海”展览（2016 年 4 月 2 日—7 月 24 日）。

看点

1
传统与现代多种陶艺展示

2
美国设计师的独特建筑风格

3
细节直视无碍的展览方式

A

B

C

D

©秋山阳 《无题》1991年 h.25.0×w.33.0×d.25.0cm

Information
TEL：03-5733-5131
东京都港区虎之门 4-1-35
西久保大楼
开馆时间：11:00-18:00
闭馆日：星期一（适逢节日则为下一个工作日）
门票：一般为 1000 日元
* 以展览具体情况为准
路线：日比谷线"神谷町"站下车步行约 6 分钟
http://www.museetomo.or.jp

周边景观

"西洋馆"的复古风情

智美术馆旁边的"西洋馆"于大正时期建造而成，是日本文化遗产之一，现被用于接待外宾。建筑风格古典庄重，孔雀形状的彩色玻璃尤为美丽。1—2个月开放一次，游览套餐（8000日元）包含内部参观项目与馆内餐馆"Voie Lactee"的午餐。

21_21 DESIGN SIGHT

三位名设计师担任负责人
每个角落都体现设计元素

1 出自安藤忠雄之手的大胆建筑

2 灵活运用空间的多种类型展览

3 生活处处皆设计

B

C

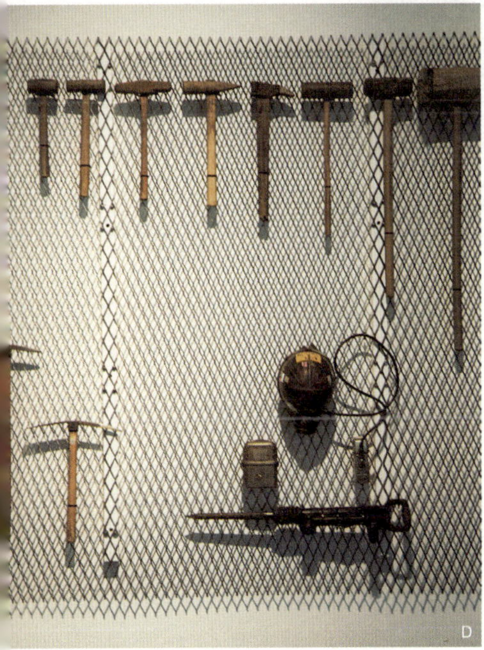
D

日常生活中的设计元素

21_21 DESIGN SIGHT于2007年成立，设计风格着眼于日常生活物品，意在建成任何人都能享受设计的艺术馆。三位日本代表设计师三宅一生、佐藤卓、深泽直人共同担任总负责人。建筑由大师安藤忠雄设计而成，造型独特，画廊部分几乎全部埋于地下。

地下展厅展出大量生动有力的作品。2016年夏天举办的《土木展》以整条街道的土木工程为题材，展出车站内部剖面图、施工器材等内容，采用三面墙壁同时放映的方式公开施工现场录像，气势恢宏。无论何时来访，都给人以无处不在的设计体验，启发人们发现生活中的设计之美。

A. 横跨展厅入口的巨窗，昼夜呈现不同景致。
B. 艺术馆位于住宅区与商业区之间，来往便利。
C. 2016年夏天的《土木展》及配套的体验艺术。
D. 大胆利用墙面布展。

information
TEL：03-3475-2121
东京都港区赤坂 9-7-6
东京中城内
开馆时间：10:00-19:00
（入馆时间截至 18:30）
闭馆日：星期二
门票：1100 日元（初中生以下免费，高中生 500 日元，大学生 800 日元）
路线：大江户线・东京地铁日比谷线“六本木”站、东京地铁千代田线“乃木坂”站下车步行约 5 分钟
http://2121designsight.jp/

周边商店

种类齐全的专题周边

销售专题展览相关商品与展会作家的原创商品，充分利用专题展览的余韵。美术馆入口出售免费的商店入场券，为专门前来购物的顾客提供便利。

TOTO画廊・间

FREE

看点

1 建筑师亲手布置展厅

2 展览凸显设计思路

3 免费图书馆

information
TEL：03-3402-1010
东京都港区南青山 1-24-3
TOTO 乃木坂大厦 3F
开馆时间：11:00-18:00
闭馆日：星期一、节日
门票：免费
路线：东京地铁千代田线“乃木坂”站下车步行约 1 分钟
http://www.toto.co.jp/gallerma/

建筑设计专业画廊

提起“TOTO”，多数人最先想到的恐怕是家具城里的卫浴洁具①。这里的“TOTO”与前者毫不相干，是一间建筑设计艺术画廊。为了培育建筑文化，画廊邀请国内外建筑师开办个展，这一传统自 1985 年成立起一直延续至今。建筑师与设计师亲手设计展厅空间，每个项目都经过反复推敲，从记录思路的手写笔记与堪称艺术的最终展览形态中可以感受到艺术家的思想与热情。馆内书店与展览联动，图书馆收藏着大量往期建筑杂志。

A.《三分一博志展 风・水・太阳》，展期截至2016年6月。图为通往二楼的水路设计。
B.单色渐变、明暗对照的内部空间。

① “TOTO”是日本的家居器材制造商。

WAKO WORKS OF ART

FREE

看点

1
新兴艺术家的作品

2
空间虽小作品充实

3
身处都市心静如水

A

B

information
TEL：03-6447-1820
东京都港区六本木 6-6-9
玻璃金字塔 3F
开馆时间：11:00-19:00
闭馆日：星期二、星期日、节日
门票：免费
路线：东京地铁日比谷线等
"六本木"站下车步行约 2 分钟
http://www.wako-art.jp/about/gallery/index.php

开阔空间里的现代美术

六本木的玻璃金字塔是一座整合店铺与画廊的复合设施，也是日本国内首屈一指的艺术圣地。

WAKO WORKS OF ART 是玻璃金字塔中的一间现代画廊，1992 年在东京初台开业，2011 年迁移至此。画廊展出国内外重要艺术家的绘画与摄影作品，包括沃尔夫冈・蒂尔曼斯（Wolfgang Tillmans）等欧洲艺术家及横沟静、竹冈雄二等日本艺术家的作品。画廊规模较小，但审美水平一流。在这里可以看到鲜为人知的艺术作品，画廊不断为人们介绍世界范围内的优秀艺术家，为国内艺术打开新的视野。

A. 大量留白的空旷展厅。表达意欲强烈的现代艺术专题展。
B. 店铺与事务所形如独栋民居。

史努比爱好者翘首以盼的美术馆

史努比美术馆

史努比作者的纪念馆——查尔斯美术馆（Charles M. Schulz Museum）是全世界的第一间分馆。馆内展示史努比原画，周边商店“BROWN’S STORE”销售史努比限定商品。计划开馆至2018年9月，期待美术馆能够常年开放的呼声不断高涨。

TEL：03-5777-8600（代理热线）
东京都港区六本木5-6-20
开馆时间：10:00-20:00　闭馆日：开馆期间内无休
门票：1800日元等
路线：都营大江户线等“六本木”站下车步行约7分钟

FREE

摄影历史回放

富士胶片广场　摄影历史博物馆

摄影历史博物馆位于富士胶片广场（FUJIFILM SQUARE）。博物馆展览珍贵的古董相机与照片，介绍自1839年照片诞生至今超过170年的摄影历史。在馆内可以看到18世纪末日本最古老的暗箱照相机，许多摄影器具的复制品可以亲手触碰、亲身体验。

TEL：03-6271-3350　东京都港区赤坂9-7-3
开馆时间：10:00-19:00　闭馆日：无
门票：免费
路线：东京地铁日比谷线“六本木”站下车步行约5分钟

珍藏和果子的日本画美术馆

山种美术馆

日本第一家日本画专业美术馆。昭和四十一年成立，藏品最初来源于实业家山崎种二与画家交流过程中收集的大量作品。馆内收藏着横山大观、上村松园等名家作品，还可以欣赏到老字号果匠菊家创作的日本画主题和果子。

TEL：03-5777-8600（代理热线）　东京都涩谷区广尾3-12-36
开馆时间：10:00-17:00　闭馆日：星期一
门票：各专题展览票价不同
路线：东京地铁日比谷线“惠比寿”站下车步行约10分钟

简约空间内的现代摄影

IMA Gallery

“IMA CONCEPT STORE”是一座将摄影艺术与商业结合在一起的复合设施，倡导摄影融入日常生活的艺术理念。IMA Gallery是其中一间摄影画廊，从观赏至装饰，全方位展示摄影的艺术魅力。摄影家经常在这里召开研讨会或开办课堂。

TEL：03-5572-7144
东京都港区六本木5-17-1 AXIS大厦3F
开馆时间：11:00-19:00
闭馆日：星期日、星期一、节日　门票：免费
路线：东京地铁日比谷线等“六本木”站下车步行约7分钟

亚洲摄影家的专门画廊

Zen Foto Gallery

2009年由英国实业家马克·皮尔森（Mark Pearson）设立而成，是东京唯一的亚洲摄影艺术专业画廊，展出中国、日本等亚洲国家的历史与现代摄影作品。画廊本是一个试验品，却为日本与中国的文化交流架起桥梁。

TEL：03-6804-1708　东京都港区六本木6-6-9 玻璃金字塔208室
开馆时间：12:00-19:00　闭馆日：星期日、星期一、节日
门票：免费
路线：东京地铁日比谷线等“六本木”站下车步行约5分钟

现代艺术画廊

OTA FINE ARTS

1994年成立的著名画廊，历经数次辗转最终迁至东京六本木。专注于亚洲的地域性、独特性及共通性文化表现，展示草间弥生、Hiraki Sawa等著名现代艺术家的珠玉之作。OTA FINE ARTS是商业画廊，展出作品对外销售。

TEL：03-6447-1123　东京都港区六本木6-6-9 玻璃金字塔3F
开馆时间：11:00-19:00　闭馆日：星期一、星期日、节日
门票：免费
路线：都营地铁大江户线“六本木”站下车步行约5分钟

谷根千

沿着下町街道，
一边闲逛一边物色心爱的艺术馆。
沿途咖啡厅零星点缀，轻轻松松享受一日欢愉。

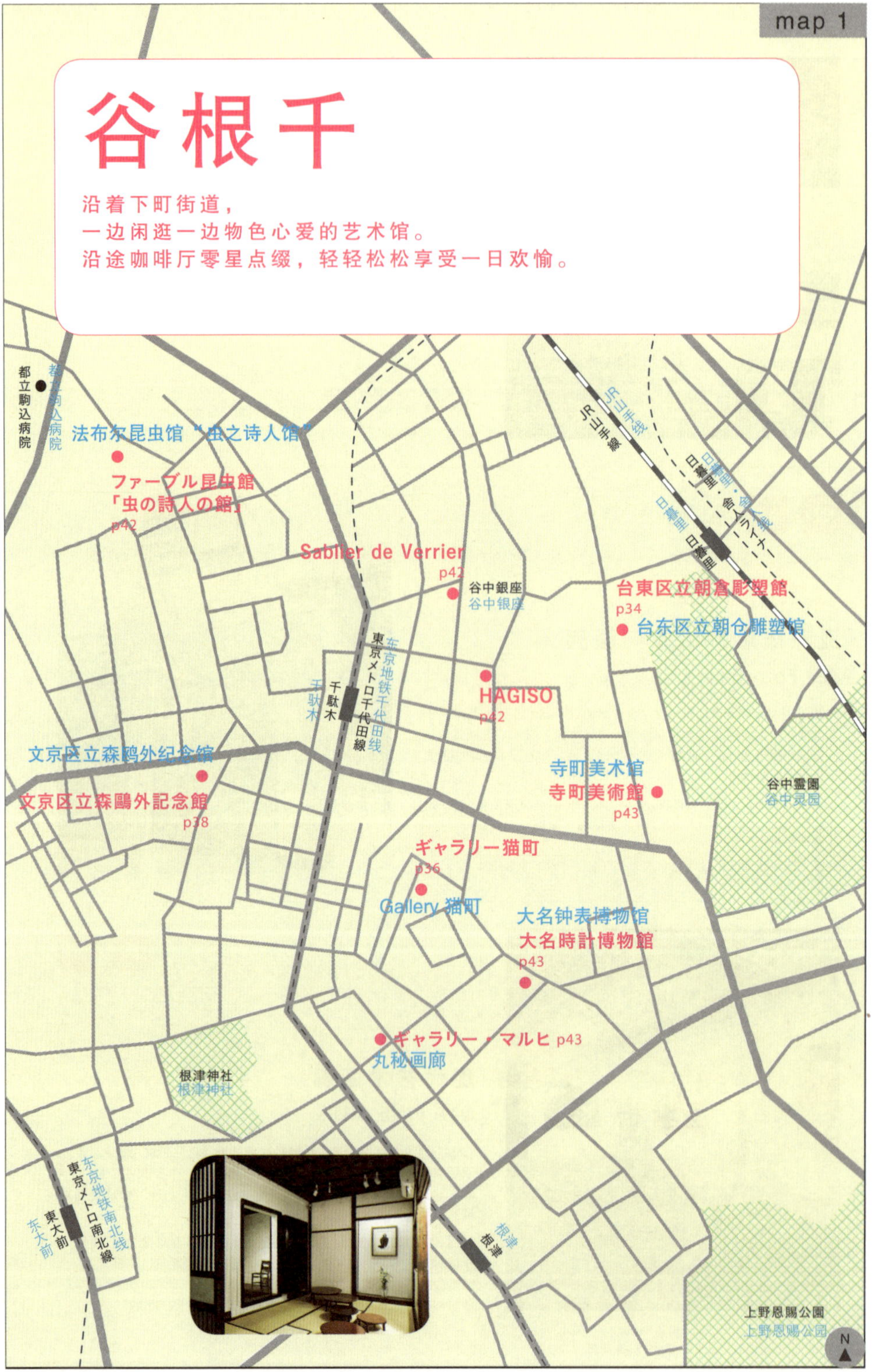

踏上一场潇洒的文化之旅，感受下町的历史变迁与风土人情

台东区立朝仓雕塑馆

探访雕刻家的
工作室与私宅

处处体现雕刻家审美意识的空间

在谷根千散步时偶然发现一幢散发着黑色光泽的建筑物，这就是被誉为“东洋罗丹”的近代日本代表雕塑家朝仓文夫亲手设计而成、原为朝仓文夫的工作室兼住宅的台东区立朝仓雕塑馆。

混凝土建筑外形充满现代气息，内部空间采用和式风格，线条明晰，自然素材烘托出沉静的氛围与简朴的格调。工作室高达 8.5 米，里面竖立着一座高须仰视的大限重信雕像，周围散布着企鹅等各种可爱的小像。内墙为曲面设计，石材与竹材的配景恰到好处，整个雕塑馆宛如一座巨大的艺术品。

A. 自然光沐浴下的工作室。
B. 朝仓文夫尤其喜爱猫咪，馆内经常可以看到以猫为主题的作品。
C. 钢筋水泥建筑与木质住宅。
D. 书房里的书高耸至天花板。

看点

1

日本代表雕塑家朝仓文夫的作品

2

朝仓文夫亲手设计的个性建筑

3

体现艺术家审美的家居素材

A

B

C

D

Information
TEL：03-3821-4549
东京都台东区谷中 7-18-10
开馆时间：9:30-16:30
（入馆时间截至 16:00）
闭馆日：星期一、星期四
门票：500 日元
（小学生至高中生 250 日元）
路线：JR、京成线、日暮里・舍人线
“日暮里”站下车步行约 5 分钟
http://www.taitocity.net/zaidan/asakura
* 需脱鞋着袜入馆。

COLUMN

一丝不苟的修缮工程

朝仓文夫代表作《墓守》所在工作室的地板由众多小木板拼接而成。对雕塑馆进行修复时，工作团队为每一块单板依次编号，力求保持建筑的本来面貌。注意观察地板的新旧色泽，可以看出具体的修复部位。

Gallery猫町

FREE

可以随时见到创作者
的猫咪画廊

1 全年展出、销售猫咪艺术

2 随处可见的猫咪形象

3 与艺术家本人一同欣赏作品

B

C

D

不只是“夕阳台阶”①才有猫！

画廊建于和缓的山麓坡道，旨在“为猫咪艺术爱好者牵桥搭线”，每年举办40多场猫咪专题展览活动。从坡道直至入口，画廊的招牌、导览标牌等地方以各种形式突出猫咪的形象与主题。展品每2周更换一次，展出绘画、版画、照片、原物体艺术②、织物等多种艺术品。进入画廊时需在玄关换上猫咪拖鞋，接下来就敬请沉溺于猫咪的世界。

创作者基本都驻留于馆内，游客可以一边听本人解说一边欣赏作品。与艺术家不经意间的一次交谈，也许会成为人生重要的转折点。

① 东京荒川区西日暮里三丁目10号、13号与14号之间的一段台阶，因从台阶上俯视的谷中银座风景绝好而引发关注，因夕阳景色壮丽而得名。台阶上常常聚集大量猫咪，因此又成为日本一处典型的猫地。

② 现代艺术手法之一。从日常用品与自然物体中提取单体或者片段形象，以独立或者拼接的艺术形式展现出来。

A. 画廊门口的猫栅栏由小泽康麿所作。攀登台阶的途中兴奋之情不断高涨。

B. 以迈克尔·唐渡（Michael Karawata）为首，创作立体作品的艺术家也不在少数。

C. 猫咪提示“禁止进入”。

D. 石川涉拍摄的野猫照片。用摄影作为野猫制作肖像。

Information

TEL：03-5815-2293

东京都台东区谷中2-6-24

开馆时间：11:00-18:00

闭馆日：星期一至星期三

（节日开馆）

门票：免费

路线：东京地铁千代田线

“千驮木”站下车步行约6分钟

http://gallery.necomachi.com

COLUMN

切勿错过心爱之物

画廊内展出的作品几乎都对外销售。如果遇到了心动的作品，最好先买下带在身边，以免错过。在画廊内可以与艺术家一对一交流，结合创作者的心路历程，更有助于理解作品的内涵。

文京区立森鸥外纪念馆

浩繁的资料与隐藏于其中
作家不为人知的另一面

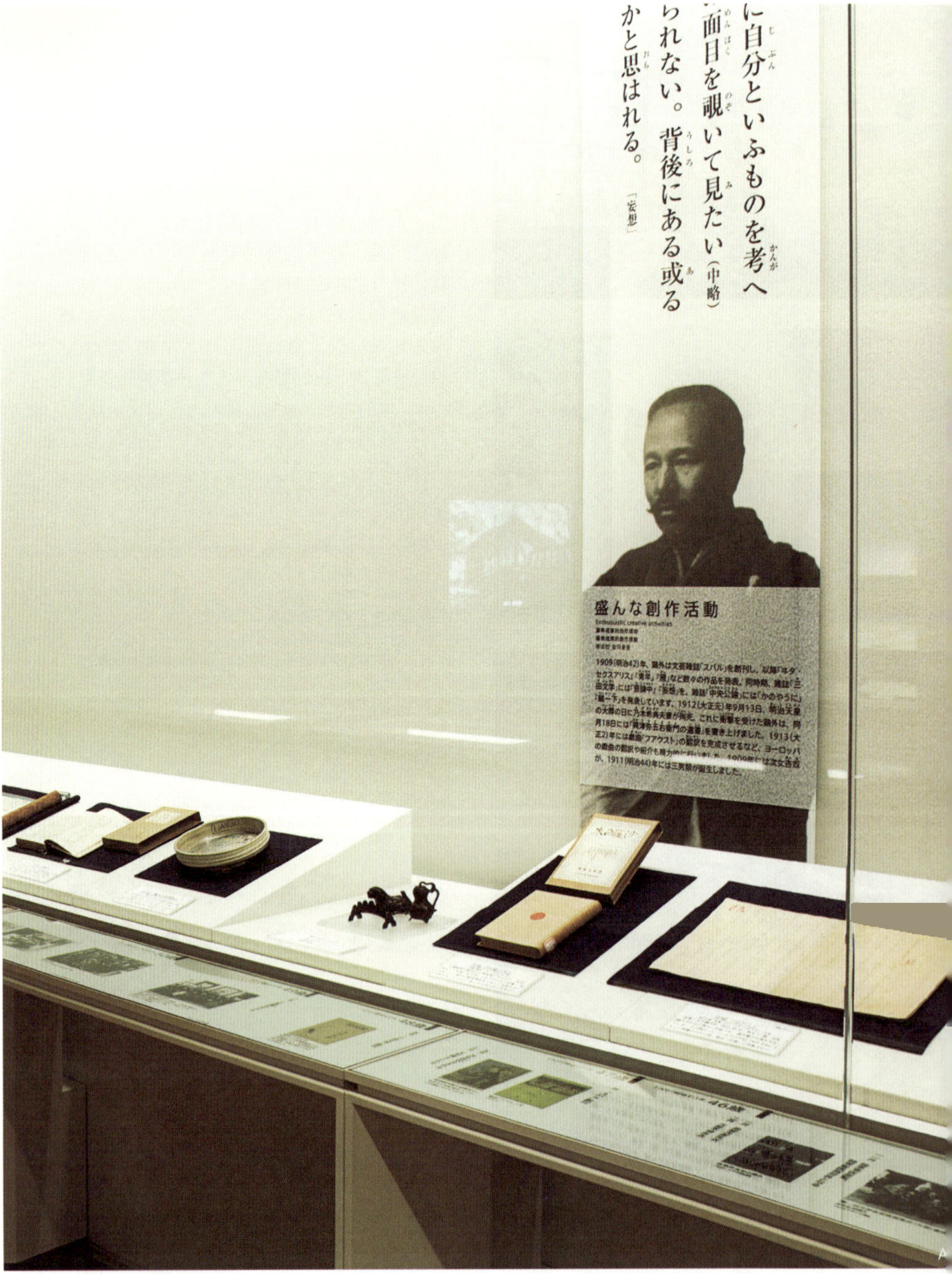

1
纵览森鸥外的一生

2
作家旧宅外的风景

3
生活中真实的作家

B

C

D

发现明治文豪的真性情

森鸥外的军医经历与书面文字留给人们难以亲近的印象，这间纪念馆则为你展现一个不一样的森鸥外。纪念馆建于森鸥外居所“观潮楼”的旧址之上，内藏大量翔实资料。出差时寄给孩子们的信、在陶瓷上绘制的猫头鹰图案、在德留学期间受赠的啤酒杯、亲笔书写的明信片、生前的心爱之物等，真实可感的生活资料使教科书中冷漠古板的作家形象变得生动起来，勾勒出一个感情丰富、有血有肉的森鸥外。作家诞辰 150 周年后，森鸥外的真实生活也将不断呈现于大众眼前。

A. 作家年表、原稿、生前遗物等。7月为作家逝世的月份，纪念馆展出作家的遗书原稿。
B. 旧宅正门处。
C. 森鸥外与其他文人书信来往的数据资料。
D. 作家亲笔书稿投影与半身像。

Information
TEL：03-3824-5511
东京都文京区千驮木 1-23-4
开馆时间：10:00-18:00
（入馆时间截至 17:30）
闭馆日：每月第四个星期四
（适逢节日则为下一个星期三）
门票：常设展高中生以上 300 日元
* 特别展费用各不相同
路线：东京都地铁千代田线“千驮木”站步行约 5 分钟
http://moriogai-kinenkan.jp/

咖啡馆

舌尖上的森鸥外

森鸥外旧址正门对面有一家森纪念咖啡馆，店内提供精心制作的咖啡、蛋糕、文京区文学家主题点心与简餐等各类食品。咖啡馆窗外的银杏树年代久远，曾陪伴森鸥外一起度过漫长岁月。

竹久梦二美术馆

看点

1 梦二的美人图常设展

2 众多流行设计关联展

3 走进画家的真实生活

Information
TEL：03-5689-0462
东京都文京区弥生 2-4-2
开馆时间：10:00-17:00
（入馆时间截至 16:30）
闭馆日：星期一
（适逢节日则为星期二）
门票：900 日元
（小学生与初中生 400 日元，
高中生与大学生 800 日元）
＊包括弥生美术馆门票
路线：东京地铁千代田线“根津”站或南北线“东大前”站下车步行约 7 分钟
http://www.yayoi-yumeji-museum.jp/

200余件梦二作品常设展出

此馆是东京都内唯一一家可以观赏竹久梦二作品的美术馆。馆址位于梦二曾居住过的本乡，收藏美术馆创立者鹿野琢见的3000余件个人藏品。

美术馆一年举办四次专题展览，每次展出 200 ~ 250 件作品与相关资料，其中既有梦二的美人图名作，也包含广受年轻人喜爱的现代风格作品。书籍版面设计图、杂志插图、千疋屋与三越等公司的广告设计图等多种作品将展厅装点得五颜六色。馆内还展出画家的绘画草图与书信等私人物品，从中可窥见梦二的创作人生与恋爱经历。

A. 梦二的设计作品风头逐渐压过美人画，展览重心也随之发生变化。

B.《水竹居》等代表作基本全年展出。

弥生美术馆

看点

1

插画师高畠华宵的3000余件作品

2

中原淳一、松本胜治等插画师作品

3

吸引年轻人目光的出版美术专题展

Information
TEL：03-3812-0012
东京都文京区弥生 2-4-3
开馆时间：10:00-17:00
（入馆时间截至 16:30）
闭馆日：星期一
（适逢节日则为星期二）
门票：900 日元
（小学生与初中生 400 日元，高中生与大学生 800 日元）
* 包括弥生美术馆门票
路线：东京地铁千代田线“根津”站或南北线“东大前”站下车步行约 7 分钟
http://www.yayoi-yumeji-museum.jp/

介绍日本“可爱”文化与插画师的美术馆

高畠华宵是大正末期至昭和初期著名的插画师，律师鹿野琢见为其作品魅力所倾倒并与晚年的华宵交好，在华宵去世后接收了画家作品的著作权，此间美术馆由此诞生。

与隔壁竹久梦二虚幻渺茫的美人画相区别，华宵的作品中出现的都是妖艳的女性与柔美的少年。同一个场馆分立两个主题，此景在美术馆中绝无仅有。出版美术界名家专题展是美术馆另一个重点展区，曾经举办过中原淳一、松本胜治、陆奥 A 子等作品展览，不断向世界传递着日本“可爱”艺术的精髓。

A. 使鹿野琢见受到强烈震动的华宵之作《再见吧，少年！》。
B.《原田治周边展》除主要作品之外，相关杂志也一并展出。

FREE

法布尔房间再造

法布尔昆虫馆“虫之诗人馆”

《法布尔昆虫记全译本》日文译者奥本大三郎搜集了昆虫记中提到的数万件昆虫标本，并藏于“虫之诗人馆”。除此之外，馆内还展览法布尔的生平资料与亲笔书稿，介绍法国南部的自然风光。地下空间模仿法国圣莱昂村的法布尔家建造而成，还原法布尔幼年时期的生活场景。

TEL：03-5815-6464　东京都文京区千驮木5-46-6
开馆时间：13:00-17:00　闭馆日：星期一至星期五
门票：免费　路线：东京地铁千代田线“千驮木”站下车步行约12分钟

FREE

木质公寓中的画廊与咖啡馆

HAGISO

由建龄60年的木质公寓改装而成的综合设施，包括画廊与咖啡馆等。手工、装饰艺术家与画家在这里开办展览，每隔1～2周换展一次。此外也举办现场制作与谈话会等活动。

TEL：03-5832-9808　东京都台东区谷中3-10-25
开馆时间：8:00-10:30、12:00-21:00　闭馆日：无休（临时休馆除外）
门票：免费　路线：JR山手线“日暮里”站下车步行约5分钟

FREE

谷中小巷的沙漏馆

Sablier de Verrier

专门收藏鸣响型、夜光型等稀有沙漏的小店。闪闪发光的沙漏汇聚一堂，俨然一场小型展览。内部环境令人联想到玻璃匠人的阁楼工坊。

TEL：03-5842-1400　东京都台东区谷中3-9-18
开馆时间：11:00-19:00　闭馆日：不固定
门票：免费
路线：东京都地铁千代田线等“千驮木”站下车步行约5分钟

日本代表球员

日本足球博物馆

展览日本足球运动员泽穗希曾经穿过的球鞋等足球纪念物。2002年韩日世界杯日本队初赛得胜纪念展角是馆内一大看点，假人模特身着中田英寿等队员的球服围成一圈，模仿当时日本代表队组成的加油圆阵，还原现场气氛。

TEL：03-3830-2002　东京都文京区本乡3-10-15 JFA House
开馆时间：13:00-18:00（星期六、星期日与节日10:00-18:00）
闭馆日：星期一　门票：500日元等
路线：JR中央线等“御茶水”站下车步行约7分钟

下町的浮世绘珍品

寺町美术馆

入选“谷中人气建筑物100”排行榜的美术馆。曾为剑道场馆，当时铺设的杉木地板沿用至今。展出铃木春信、葛饰北斋、歌川广重等画家的浮世绘作品，展览3个月更换一次。

TEL：080-5684-5996　东京都台东区谷中7-6-3
开馆时间：11:00-日落（星期六、星期日与节日10:30—日落）
闭馆日：星期一　门票：300日元等
路线：东京地铁千代田线“千驮木”站下车步行约8分钟

日本晨间剧《海女》的取景地之一

大名钟表博物馆

展览江户时代大名御用钟表师制作的“大名钟表”。与24小时均等划分的现代时间表示法不同，大名钟表的时间刻度会随着季节而发生变化。馆内收藏的一部分大名钟表如今仍能运转。建筑外观充满地方特色，也因此被选为晨间剧《海女》的取景地之一。

TEL：03-3821-6913　东京都台东区谷中2-1-27
开馆时间：10:00-16:00　闭馆日：7月1日—9月30日、星期一
门票：300日元等　路线：东京都地铁千代田线“根津”站下车步行约10分钟

棒球专业选手的击球体验

棒球殿堂博物馆

开设于昭和三十四年，是日本第一家也是唯一一家棒球专业博物馆。收藏旧球团与联盟关联品及棒球选手的纪念物，如铃木一郎的球棒与球鞋、王贞治击出第800次本垒打的球棒等，共计4万余件藏品。

TEL：03-3811-3600　东京都文京区后乐1-3-61
开馆时间：10:00-18:00（10月—2月17:00闭馆）　闭馆日：部分星期一
门票：600日元等　路线：JR中央线・总武线“水道桥”站下车步行约5分钟

观赏大正六年的座敷藏[①]

丸秘画廊

建筑始于大正六年，最初成立当铺，翻新后开办美术馆。众多艺术家被座敷藏文化所吸引而在此展出作品。既有陶艺、猫、衣料、咖啡店等暖系作品，也包括妖艳诡异的另类主题。

TEL：03-5832-9911　东京都文京区根津2-33-1
开馆时间：11:00-19:00　闭馆日：不固定
门票：免费
路线：东京都地铁千代田线“根津”站下车步行约5分钟

① 指内部空间改造为和式榻榻米客厅的仓库。

涩谷·原宿

位于都市中心的艺术馆，
仿佛隐藏于闹市的秘密基地，
浮世绘、工艺品……宝藏接连不断地出现。

寻找都市中心的艺术据点

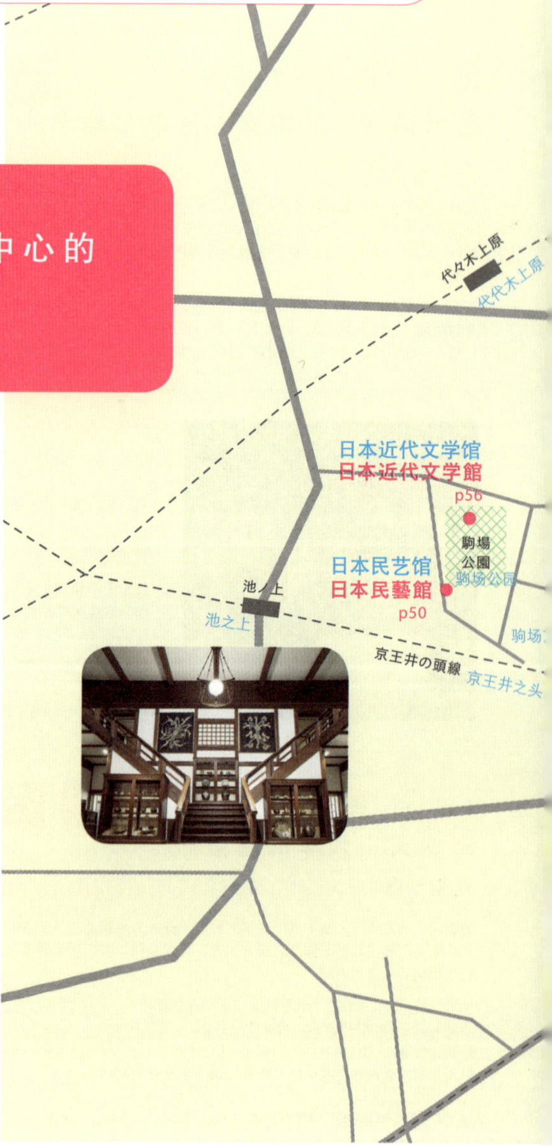

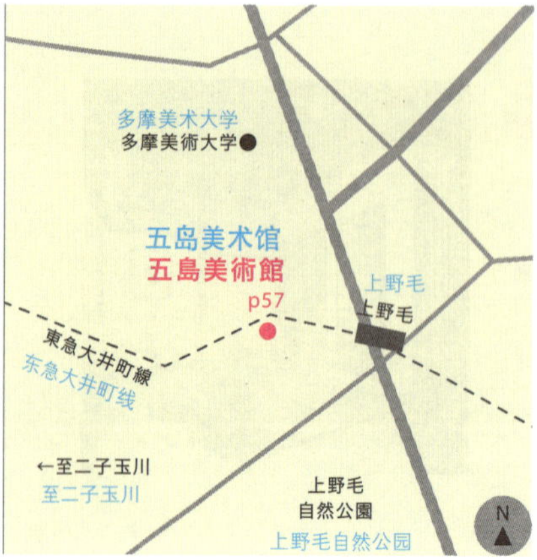

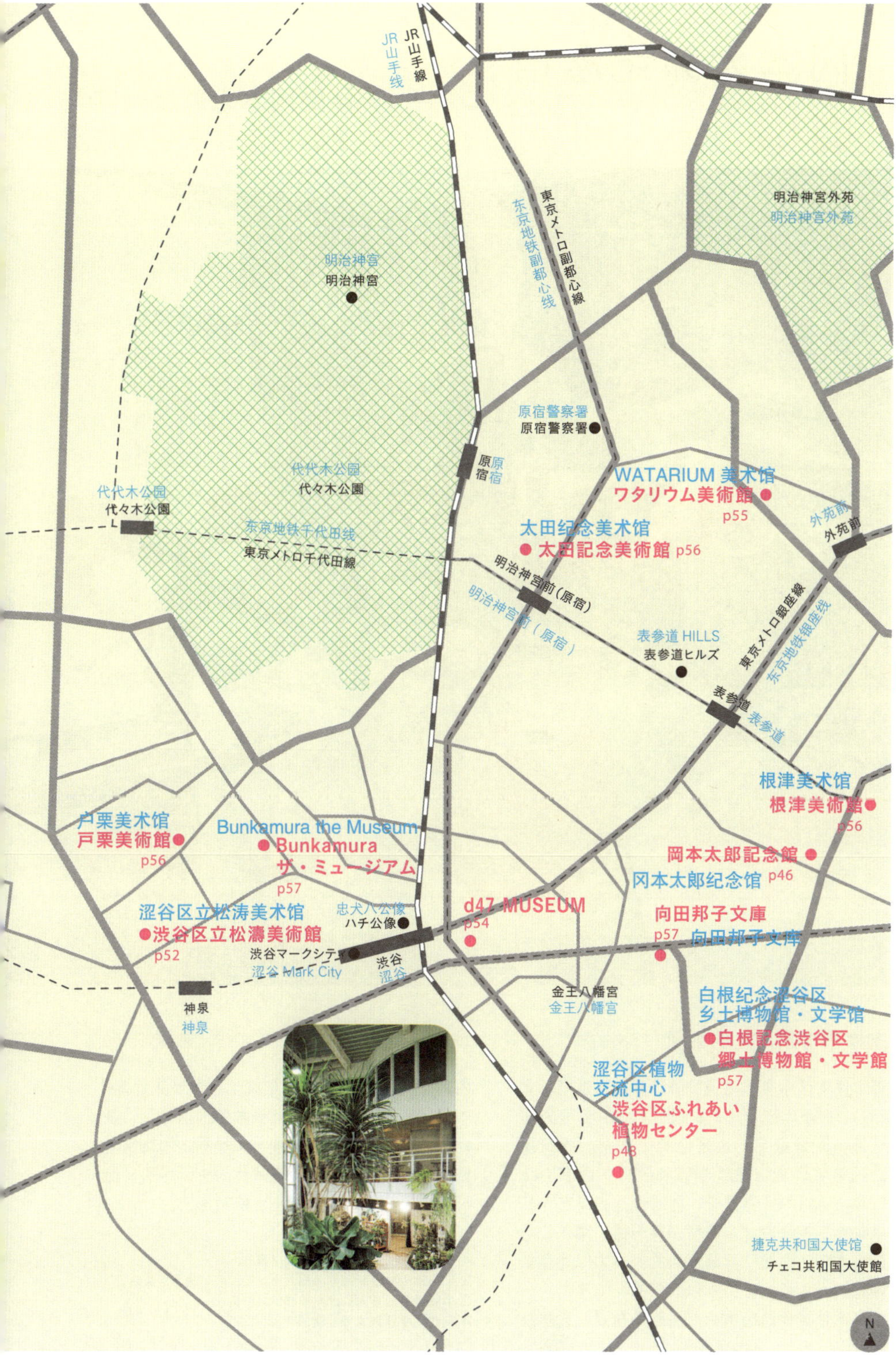
JR山手線
JR山手线
東京メトロ副都心線
东京地铁副都心线
明治神宮外苑
明治神宫外苑
明治神宫
明治神宮
原宿警察署
原宿警察署
原宿
原宿
代代木公园
代々木公園
代代木公园
代々木公園
东京地铁千代田线
東京メトロ千代田線
WATARIUM 美术馆
ワタリウム美術館
p55
太田纪念美术馆
太田記念美術館 p56
外苑前
外苑前
明治神宮前（原宿）
明治神宫前（原宿）
表参道 HILLS
表参道ヒルズ
東京メトロ銀座線
东京地铁银座线
表参道
表参道
根津美术馆
根津美術館
p56
戸栗美术馆
戸栗美術館
p56
Bunkamura the Museum
Bunkamura
ザ・ミュージアム
p57
岡本太郎記念館
冈本太郎纪念馆 p46
涩谷区立松涛美术馆
渋谷区立松濤美術館
p52
忠犬八公像
ハチ公像
d47 MUSEUM
p54
向田邦子文庫
p57 向田邦子文库
渋谷マークシティ
涩谷 Mark City
渋谷
涩谷
神泉
神泉
金王八幡宮
金王八幡宫
白根纪念涩谷区
乡土博物馆・文学馆
白根記念渋谷区
郷土博物館・文学館
p57
涩谷区植物
交流中心
渋谷区ふれあい
植物センター
p48
捷克共和国大使馆
チェコ共和国大使館
N

冈本太郎纪念馆

伴随冈本太郎度过50年生涯的工作兼生活场所

A

支撑艺术家人生的力量

青山住宅区中突然出现的异世界。这是冈本太郎从 1954 年直至 84 岁逝世约 50 年间的居住地，既是家宅，也是他的工作室。建筑由法国著名现代派建筑学家勒·柯布西耶（Le Corbusier）的得意弟子，同时也是太郎友人的坂仓准三担任设计，造型别具一格。踏入纪念馆的大门，不输于建筑气势的冈本太郎能量如爆炸般涌入视线，给人以强烈的视觉冲击。

工作室依然保持冈本太郎生前的布局，大胆跳脱的空间里摆放着钢琴与威士忌等私人物品。中庭里能够看到各种风格狂放的大型作品，跃动的线条与野性的色彩唤起人类原始的热情与快感。如此超脱常识的空间作为生活居所，惊异之余不由慨叹艺术人生之快意潇洒。

A. 形似本人的蜡像令来馆者倍感惊奇。
B. 工作室里除了草图与画具之外，还能看到威士忌酒瓶。
C. 中庭里摆放着人们耳熟能详的太阳塔。
D. 从作品中读取太郎能量的源头。

1
冈本太郎的绘画与雕塑作品

2
艺术家真实的生活空间

3
造型独特的建筑与设计巧妙的中庭

Information
TEL：03-3406-0801
东京都港区弥生南青山 6-1-19
开馆时间：10:00-18:00（入馆时间截至 17:30）
闭馆日：星期二
门票：初中生以上 620 日元（小学生 310 日元）
路线：东京地铁银座线等“表参道”站下车步行约 8 分钟
http://www.taro-okamoto.or.jp

咖啡店

歇脚的同时欣赏作品

中庭里的咖啡店“a piece of cake”是一个不引人注目的好去处，坐在这里能够一边享受放松的环境，一边欣赏中庭里的太郎作品。手工烤制点心与热香饼是店里的招牌，烤制点心也可以作为礼物外带。不点餐也可入店小坐。

涩谷区植物交流中心

绿叶悦目，溪声悦耳
日本最小的植物园

1 在东京都感受南国风情

2 生活习性迥异的珍稀植物

3 常见香料的植物形态

B

约200种植物生态展

植物园内培育木瓜、杧果等南国植物及其他许多珍稀植物。其中体征尤为奇特的要属百岁兰，一生只长两片叶子，依靠这两枚不断生长更新的叶片，百岁兰能够在沙漠中存活长达数百年。园内的百岁兰只有20岁，还是不折不扣的“小辈”。植物园根据不同品种的生活习性精心护养每一株植物，食虫植物吞食虫类数次后就会干枯死亡，园内因而改用肥料栽培，进行特殊管理。

3楼的香草园栽培着牛至、柠檬草等60多种香草，可供近距离观赏。仿佛正在向外喷吐异臭的大王花模型令人闻风丧胆，空气凤梨搭建而成的拱门精巧别致，治愈人心，小小的植物园如同一座宝藏，不断带给人意料之外的新鲜体验。

A. 一楼的绿色花园。
B. 猪笼草等食虫植物。
C. 大王花、果子蔓等形形色色的珍奇植物。
D. 园内小溪流淌，岩石错落，还原丛林景观。

C

Information
TEL：03-5408-1384
东京都涩谷区东2-25-37
开馆时间：10:00-18:00（入馆时间截至17:30）
闭馆日：星期一（适逢节日则为下一个工作日）
门票：100日元（60岁以上老人、未入学儿童、涩谷区内的小学生与初中生免费）
路线：JR山手线“涩谷”站下车步行约12分钟
http://www.botanical-fureai.com

D

COLUMN

植物学科普节目

植物园不只从事植物栽培，也举办植物科普展览与谈话节目。科普节目《大家的趣味园艺》在NHK的官方网站上播出，讲解生动有趣，拥有大批忠实观众。听听专业解说，拓宽知识面，也更容易理解植物的魅力。

日本民艺馆

为民艺正名的柳宗悦收藏的民间艺术品

收藏约1.7万件工艺品

柳宗悦于 1936 年兴办日本民艺馆，藏品从茶碗、盆等餐具到火撑子、炉铲、蓑衣、绳索，凡间所有，应有尽有。通过亲眼所见与亲身所感挑选艺术品，不在乎制作者是否闻达于世，是柳宗悦的收藏宗旨。在过去，人们并未意识到民间工艺品的艺术价值，为了将民间艺术发扬光大，柳宗悦无视体制框束，大量著书，凭借一腔热血将信念贯彻始终。面对馆内古拙而精妙绝伦的艺术品，不由令人浑然忘却所谓鉴赏方法，只一心沉浸于其中。

A. 家一般亲切的本馆玄关。
B. 柳宗悦亲自打造博物馆内装。葛布贴墙，原木拭漆①，房间整洁又温馨。
C. 朝鲜、西洋陶瓷藏品。
D. 西馆为柳宗悦故居，每月开放4次。

① 在打磨光滑的木料上涂抹着色的生漆，均匀擦拭使木料变得润泽光滑。

看点

1 柳宗悦的工艺藏品

2 柳宗悦的装修设计

3 感性之美与布局之妙

Information
TEL：03-3467-4527
东京都目黑区驹场 4-3-33
开馆时间：10:00-17:00（入馆时间截至 16:30）
闭馆日：星期一（适逢节日则为星期二）
门票：1100 日元（小学生与初中生 200 日元，高中生与大学生 600 日元）
路线：京王井头线“驹场东大前”站下车步行约 7 分钟
http://www.mingeikan.or.jp

COLUMN

展厅设计中寄宿着美的灵魂

展厅精简陈设，抛却解说词等不必要之物，只保留展品、木质展架与黑底红字的作品名牌。学艺员[①]考虑空间平衡布展，使展品与展厅的艺术氛围融为一体。不仅展品精益求精，而且展厅的设计与布局之美也足以令人惊叹。

① 根据日本博物馆法设立，拥有国家资格的专业馆员。

涩谷区立松涛美术馆

隐藏于闲静住宅区里的美术馆

A

1
波光粼粼的中央喷水池

2
方便休息的沙发座椅

3
新颖别致的室内设计

B

优雅而简约的小型美术馆

涩谷区立松涛美术馆位于高级住宅区一角，建筑由素有“哲学建筑家”之称的鬼才建筑师白井晟一设计而成。弧形建筑中包围着一汪喷水池，无论站在美术馆的哪一层，都能透过宽大的玻璃窗看到空中回廊与美丽的池中景色。建筑内装风格细腻，工艺精巧，展现出与现代城市截然不同的宁静雅致。

展览不拘于形式，绘画、工艺、服饰、雕刻等多种艺术都有涉猎；不限于时代，公开从古至今人类艺术的瑰宝。地下一层与地下二层的展览空间广阔，多处设有沙发供游客休息。一旦进入这座世外桃源，只想不受他人干扰，淡然无虑地享受自由时光。

A. 美术馆中央的喷水池。晴空俯瞰粼粼波光。
B. 如同艺术品般的螺旋楼梯。
C. 展厅内四处布置沙发座椅，能够保持自我节奏观赏作品，在宽敞的空间里享受展览的乐趣。

C

Information
TEL：03-3465-9421
东京都涩谷区松涛 2 14 14
开馆时间：10:00-18:00（星期五 20:00 闭馆，入馆时间截至闭馆前 30 分钟）
闭馆日：星期一、年末、年初等
门票：不同的专题展览票价不等
路线：京王井之头线“神泉”站下车步行约 5 分钟
http://www.shoto-museum.jp/

COLUMN

切勿错过前台的发光天花板

建筑是松涛美术馆的一大特色，无论是厚重的花岗岩外墙，还是从地下二层延伸至地上二层的螺旋楼梯，都显示出艺术馆遗世独立的气质。其中最易忽略的是美术馆入口的天花板，金丝玛瑙上描绘蜿蜒波纹，散发着蜂蜜般甜蜜而富丽的光芒。

d47 MUSEUM

!? FREE

看点

1
47都道府县独立精品展

2
观赏性、知识性与商品性兼备的展销会

3
汇集往届展览名品的商店

Information
TEL：03-6427-2301
东京都涩谷区涩谷 2-21-1
涩谷 HIKARIE 8F
开馆时间：11:00-20:00
（入馆时间截至 19:30）
闭馆日：仅在换展时闭馆
门票：免费（部分专题展需付费）
路线：各线“涩谷”站邻接
http://www.hikarie8.com/d47museum/

47都道府县名品汇聚

美术馆名称中的“d”取自设计英文单词“design”的首字母，数字“47”代表日本都道府县的总数。美术馆由世界著名设计师长冈贤明主持举办，展览日本全国各都道府县的代表性设计品。展览包括平面设计与货真价实的“蔬菜”等多种创意形式，从建筑、工艺、时尚、自然环境等各个角度透视日本实貌。每个都道府县都设有单独的展台，入目皆为名品，为观者献上最豪华的艺术盛宴。

A. 图片为2016年夏天“番茄变红，医生变青的蔬果店①”主题展会，展出全国各地的蔬果珍品。

① 日本谚语，意为果实成熟的季节食物丰富，营养来源广泛，医生因病人减少而头疼。

WATARIUM美术馆

看点

1

街道标志性建筑物

2

大胆利用空间的规模展览

3

走在艺术的最前沿

Information
TEL：03-3402-3001
东京都涩谷区神宫前 3-7-6
开馆时间：11:00-19:00
（星期三 21:00 闭馆）
闭馆日：星期一（节日开馆）
门票：1000 日元（学生 800 日元）
路线：东京地铁银座线“外苑前”站下车步行约 8 分钟
http://www.watarium.co.jp/museumcontents.html

独特建筑中的新潮艺术

在一众个性鲜明的美术馆中，WATARIUM 美术馆仍算得上是独树一帜。建筑出自曾担任著名建筑师勒·柯布西耶（Le Corbusier）助手的瑞士建筑师马里奥·博塔（Mario Botta）之手，在城市街道中尤为醒目而具有冲击力。美术馆内观同样出色，4 层建筑采用跃层结构，通过贴满镜子的升降电梯上下连通，空间分割巧妙；撤掉 2 层的大窗户替换为展品，巨型展览充满张力。曾在馆内举办放火行为艺术，大胆豪放的展览令人眼花缭乱。

A. 外观多变的美术馆是街道的标志性建筑物。
B. 2016年夏天电影导演园子音在美术馆开办的展览。

©藤塚光政

日本庭院与东洋之美

根津美术馆

展出东武铁路社长、实业家初代根津嘉一郎收藏的茶道用具、佛教美术等古艺术品。藏品超过4000件，包括尾形光琳的《燕子花图屏风》（每年展出一次）等7件国宝级艺术品。藏品数量之众、质量之高令人瞠目，收藏家的气魄与手笔堪称一绝。

TEL：03-3400-5236　东京都港区南青山6-5-1
开馆时间：10:00-17:00　闭馆日：星期一　门票：1300日元等
路线：东京地铁半藏门线等“表参道”站下车步行约5分钟

浩如繁星的浮世绘珍品

太田纪念美术馆

实业家五代太田清藏的个人藏品公开后成立的浮世绘专业美术馆。馆内共收藏版画、纸绘等作品约14000件，清晰呈现浮世绘的历史脉络。展览每个月更换主题，为浮世绘鉴赏提供崭新的视角。

TEL：03-5777-8600（代理热线）　东京都涩谷区神宫前1-10-10
开馆时间：10:30-17:30　闭馆日：星期一
门票：因专题而异　路线：JR山手线“原宿”站下车步行约5分钟

东洋陶瓷艺术的光华

户栗美术馆

户栗美术馆是日本为数不多的一家陶瓷专业美术馆。建于旧锅岛蕃宅邸遗址之上，收藏日本、中国、朝鲜等出产的陶瓷艺术品数千件，绝大多数为伊万里烧、锅岛烧等日本肥前[①]瓷器。其中江户时代的肥前瓷器质量极高，件件皆为精品。

TEL：03-3465-0070　东京都涩谷区松涛1-11-3
开馆时间：10:00-17:00　闭馆日：星期一
门票：1000日元等　路线：JR山手线等“涩谷”站下车步行约15分钟
*从2016年12月24日至2017年3月31日因内部修整闭馆。

文学主题咖啡馆人气旺盛

日本近代文学馆

收藏日本文豪资料百万余件，包括夏目漱石、芥川龙之介的原稿与书画作品以及樋口一叶、川端康成、谷崎润一郎的书简与遗物等。文学主题咖啡馆的菜品与文豪同名，如“芥川”咖啡等，很受顾客欢迎。

TEL：03-3468-4181　东京都目黑区驹场4-3-55驹场公园内
开馆时间：9:30-16:30　闭馆日：星期一、星期日、每月第四个星期四
门票：普票100日元等
路线：京王井之头线“驹场东大前”站下车步行约7分钟

① 日本旧肥前国（现为日本佐贺县一带）出产的瓷器。

庭院广阔的住宅区美术馆

五岛美术馆

东京急行电铁株式会社先代社长五岛庆太的个人藏品公开而成立的美术馆，昭和三十五年开馆至今共收藏艺术品5000余件，包括《源氏物语绘卷》等5件国宝。绘画、书法、茶道及引入寝殿式建筑①元素的美术馆建筑本身都给人以美的享受。

TEL：03-5777-8600（代理热线） 东京都世田谷区上野毛3-9-25
开馆时间：10:00-17:00 闭馆日：星期一
门票：1000日元等 路线：东急大井町线"上野毛"站下车步行约5分钟

周末21:00闭馆！下班途中顺道来访

Bunkamura the Museum

关注艺术潮流，展出海外美术馆名作，举办具有预见性与话题性的企划活动，意在使观众轻松享受艺术。星期五与星期六两天闭馆时刻延长至晚上9点，为游客提供更充裕的观赏时间。

TEL：03-5777-8600（代理热线） 东京都涩谷区道玄坂2-24-1
开馆时间：10:00-19:00 闭馆日：星期五与星期六21:00闭馆
门票：1000日元等 路线：JR山手线等"涩谷"站下车步行约7分钟

揭开涩谷历史的神秘面纱

白根纪念涩谷区乡土博物馆·文学馆

博物馆建于涩谷区议会议员白根全忠的旧宅遗址之上，主要介绍涩谷历史与曾居住于涩谷的文学家。提供文物体验活动，如绳文时代的土器等；播出"二战"后涩谷火车站的历史影像资料，聚焦忠犬八公的故事。

TEL：03-3486-2791 东京都涩谷区东4-9-1
开馆时间：11:00-17:00 闭馆日：星期一
门票：100日元等 路线：JR各线"涩谷"站下车步行约20分钟

沉眠于作家母校的遗物与书库

向田邦子文库

收藏文献3000余件。向田邦子去世后，亲属将作家的藏书、亲笔书稿及书桌、钢笔、茶杯等日常用品捐赠给了向田邦子文库。作家生前留下大量空白稿纸，从中仿佛马上又要诞生出新的不朽之作。

TEL：03-6450-6817 东京都涩谷区东1-1-49实践女子大学涩谷校区
开馆时间：9:00-17:00 闭馆日：星期日、节日
门票：免费 路线：JR山手线等"涩谷"站下车步行约10分钟

---

① 日本平安时代贵族住宅的建筑形式。

深川

天空树俯视下的深川街区，
充满下町①匠人的生活气息与凡间烟火。
玻璃、古伊万里②、焰火……从中隐约可闻江户的市井喧嚣。

① 都市中的低洼地区，多为商业与手工业者居住区。
② 初期的伊万里烧。伊万里烧为日本瓷器的一种，是江户初期佐贺县有田地区生产瓷器的总称，因从伊万里港装箱发货而得名。

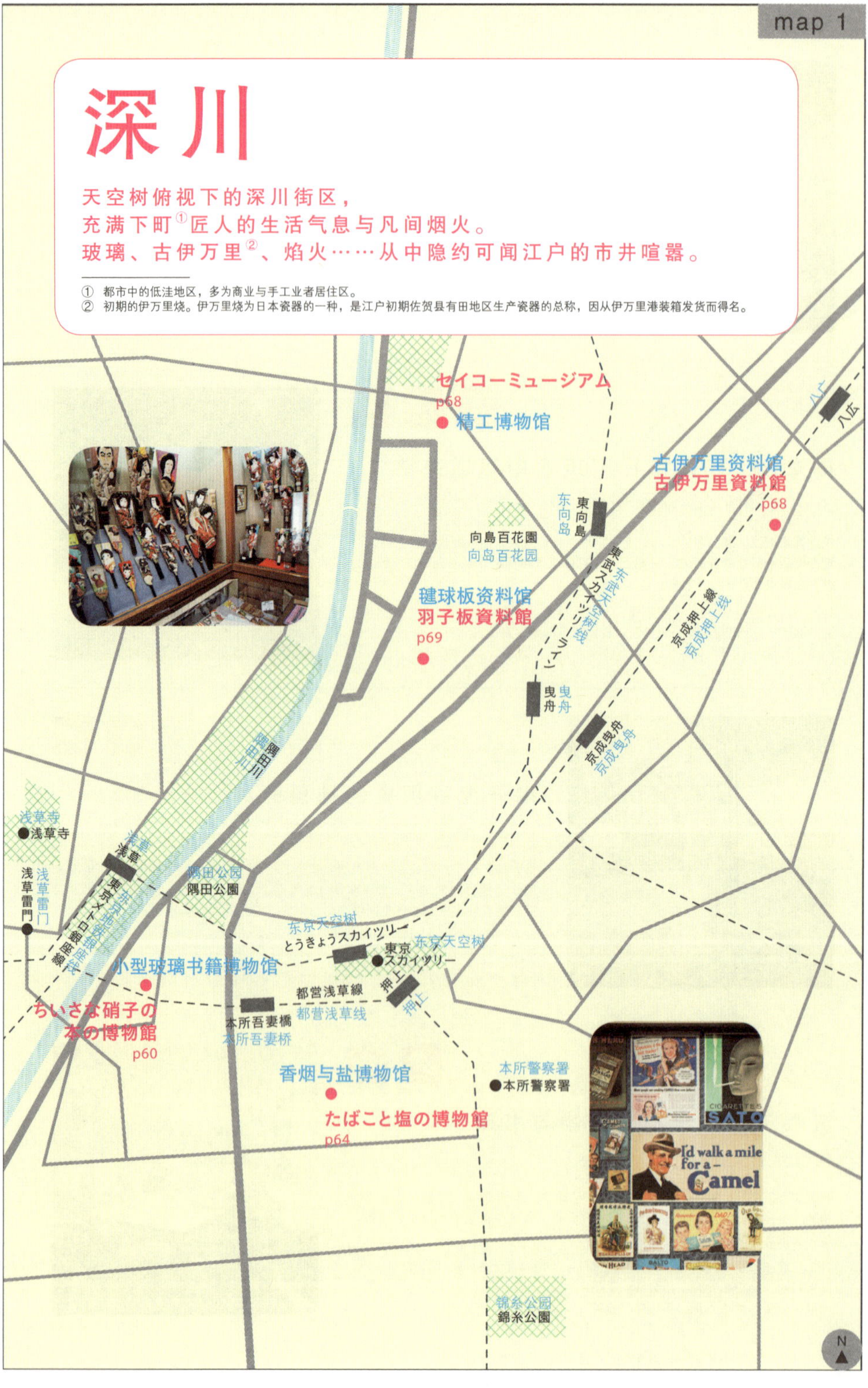

map 2
穿越充满旧时风情的
大街小巷
亲眼见证匠人的技艺
与风骨
小型玻璃书籍博物馆
ちいさな硝子の
本の博物館 p60
とうきょうスカイツリー
东京天空树
東京スカイツリー
押上
押上
本所吾妻橋
本所吾妻桥
都营浅草线
都営浅草線
隅田川
隅田川
本所警察署
本所警察署
香烟与盐博物馆
たばこと塩の博物館
p64
锦糸公园
錦糸公園
两国国技馆
两国国技館
江戸東京博物館
p69
江户东京博物馆
JR 总武本线
JR 総武本線
錦糸町
锦糸町
両国
两国
LIVIN
錦糸町
锦糸町
両国花火資料館
p69
两国花火资料馆
名片与纸制品博物馆
名刺と紙製品の博物館
p62
猿江恩賜公園
猿江恩赐公园
金库与锁具博物馆
金庫と鍵の博物館
p69
都営新宿線
都营新宿线
浜町
浜町
明治座
明治座
森下
森下
菊川
菊川
住吉
住吉
清澄白河
清澄白河
东京地铁半藏门线
東京メトロ半蔵門線
江东白河邮政局
江東白河郵便局
清澄庭园
清澄庭園
ANDO GALLERY
ANDO GALLERY
p68
木場公園
木场公园
EARTH+Gallery
gallery COEXIST-TOKYO
深川东京现代馆
深川東京モダン館
p68
EARTH+Gallery
gallery COEXIST-TOKYO
p66
門前仲町
门前仲町
都営大江戸線
都营大江户线
东京地铁东西线
東京メトロ東西線
N

小型玻璃书籍博物馆

FREE

收集世界范围内的专业书籍，提供玻璃手工制作体验活动

走进传统吹制玻璃的世界

在手工玻璃产业制作渐趋衰落的当代，小型玻璃书籍博物馆为人们提供了大量的手工玻璃制作资料。其经营管理者是从大正时期存续至今的手工吹制玻璃生产商松德硝子①公司。馆内展示木模具等玻璃制造工具，收藏玻璃相关书籍约850册。这些书籍主要来源于松德硝子公司经营者的收藏，其中除玻璃专业书以外，还有国外美术书籍及玻璃匠人与设计师用于参考的相关资料等。在馆内可以买到昭和后期停产的彩色玻璃制品，玻璃彩绘工坊也广受游客好评。

A. 陈列在外的玻璃制品都可购买。
B. 像图书馆一样可以自由阅览的书柜。
C. 由第三方供货的玻璃饰品。
D. 玻璃彩绘体验活动经常预约满员。

① 硝子在日语中是玻璃的意思。

看点

1 晶莹璀璨的玻璃制品

2 专业人士的参考资料

3 轻松简易的体验活动

A

B

C

D

Information
TEL：03-6240-4065
东京都墨田区吾妻桥 1-19-8 1F
开馆时间：10:00-19:00
闭馆日：星期一与星期二
门票：免费
* 手工制作体验费 1550 日元
路线：都营地铁浅草线“本所吾妻桥”站下车步行约 3 分钟
http://www.stglass.co.jp/museum

COLUMN

推陈出新

松德硝子公司从生产灯泡专用玻璃起家，如今依然从事吹制玻璃行业。公司将灯泡玻璃的制作技术应用于餐具，造出的产品触口平滑而纤薄，“薄针”系列餐具也因此大受欢迎。

名片与纸制品博物馆

FREE

走进文具店一般的博物馆
了解名片制作背后的故事

1 名片的发展历程

2 昭和二三十年代的古董名片印刷机

3 最新纸品大发现

B

C

D

稀有的名片纸与名片机

名片与纸制品博物馆是制造名片纸的老字号“山樱”开办的美术馆。在这里能看到各种名片制造机与名片用纸，既有老式活字印刷机，又有熏染出炉面包或香烟气味的原料纸。博物馆不定期开放活字印刷工坊，游客可参与活字名片的印制过程。土佐和纸、越前和纸等传统手抄和纸一直深受游客喜爱，最近，通过了公平贸易认证、以香蕉茎秆为原料的新型纸品香蕉纸也开始进入大众视线。

博物馆收藏的一部分名片只对实地来访者开放，在网络或宣传册上无法得见全貌。名片的种类极其广泛，来馆后才知道我们平常接触到的名片不过是冰山一角。

A. 充满年代感的名片盒。名片的设计风格随时代潮流而变。
B. “Fragra”通过熏制名片盒使名片纸沾染隐隐约约的香气。
C. 游客可以触摸名片纸，也可以订购喜欢的纸品。
D. 博物馆免费赠送镂空名片样品。

Information
TEL：03-5625-0630
东京都墨田区立川 3-1-7
开馆时间：10:00-17:00
闭馆日：星期六、星期日、节日、暑假、年末、年初
门票：免费
路线：都营新宿线“菊川”站下车步行约 3 分钟
http://www.yamazakura.co.jp/sakuraterrace/musium/

COLUMN

古董活字印刷机

馆内展出活字印刷时代制造的活字印刷机原品，古旧的造型与斑斑锈迹渗透出年代感。实地取材时工作人员告诉我们，虽然原则上不许触摸，但印刷机其实仍能运作，并展示了压版过程。如此古老的机器居然还在现役，真令人惊讶。

香烟与盐博物馆

如美术馆一般魔幻多彩的空
纵使不吸烟也仿佛被摄去心

看点

1 不同时代风格的香烟盒

2 不同角度发现盐的魅力

3 背后的历史与文化差异

B

C

D

美丽的香烟包装与盐结晶

香烟与盐博物馆专门收藏香烟与盐这两种曾受政府专营管制的商品资料。

“香烟历史文化”展区中，巨大的《香烟之神》浮雕迎面而立，全世界范围内的各种香烟包装纸与广告牌陈列于此，烟斗收藏极尽奢华，展品之丰实华美不输艺术品。

“盐的世界”展区展览各类岩盐实物，介绍盐的历史，并建造了维利奇卡盐矿礼拜堂的实景模型。放眼望去，整个展厅如同晶莹剔透的冰雪世界。

无论是自由奔放的香烟外观设计，还是日常作料出人意料的清透美感，都使人体会到人类生活的多姿多彩。

A. 香烟包装与海报的异国情调体现出各国社会背景的差异。
B. 宝石一般纯净通透的盐结晶。
C. 1964年东京奥运会发售的“五环PEACE”香烟。
D. 奢华的中欧烟斗。

Information
TEL：03-3622-8801
东京都墨田区横川 1-16-3
开馆时间：10:00-18:00
（入馆时间截至 17:30）
闭馆日：星期一（适逢节日则为下一个工作日）、年末、年初
门票：常设展 100 日元（小学生至高中生、65 岁以上老人 50 日元）
* 展览会门票另算
路线：东武天空树线“东京天空树”站下车步行约 8 分钟
http://www.jti.co.jp/culture/museum/index.html

COLUMN

从香烟中解读历史

“MediaWall”展区将近代至今的重要历史事件与当时售卖的香烟包装并列展出，以纵向联系、横向对比的方式介绍香烟的时代特征。其中既能找到熟悉的大众香烟品牌如“Peace”，也有“Cherry”等许多品牌消失于历史的洪流。

EARTH + Gallery gallery COEXIST-TOKYO

一边品尝美酒佳肴
一边欣赏现代美术

空旷展厅里的新锐艺术

画廊开设于仓库改造而成的建筑物内，造型前卫，内部空间广阔。

1 楼的 EARTH + Gallery 主要展览年轻艺术家的作品。展览对象从平面绘画到立体雕塑，类型多样。跃层楼上设有咖啡厅，可一边休息一边欣赏艺术品。

2 楼的 gallery COEXIST-TOKYO 展出走在艺术最前沿的新潮作品，基调明确，风格统一，多为现代美术作品。两个楼层自然过渡，展现两种概念迥异的艺术格局。

A. 外梯保留仓库时期的原貌，1 楼展厅的天花板也未吊顶。（图为 2016 年 6 月举办的门田光雅 *SLIDE* 展。）

B. 跃层楼上的咖啡厅深受访客青睐，即使是工作日也坐满了学生与设计师。

C. 2楼作品多利用光线构图。

D. 2016年6月在2楼举办的多媒体艺术展销会。

1 类型多样的新兴艺术作品

2 新奇有趣的现代艺术解析

3 艺术环境中的美食咖啡厅

A

B

C

D

Information
TEL：03-3630-1655
东京都江东区木场 3-18-17
开馆时间：11:00-19:00
（Bar Time：18:00-22:00，Last Order：21:30）
闭馆日：星期一（更换展品时闭馆）
门票：免费
路线：东京地铁东西线"木场"站下车步行约 6 分钟
http://earth-plus.net

周边商店

选品精良的艺术商铺

画廊负责人则竹先生开办的艺术商店"LUCK"是画廊的一大看点。店内贩卖新锐艺术家作品与各种创意商品。店内陈设充满艺术格调，仿佛一间开办专题展览的小型画廊。2016年夏天以"6月最想读的书"为主题与书店合作举办展销活动，构成画廊里一道独特的风景线。

市营食堂变身为时尚馆

深川东京现代馆

市营“东京市深川食堂”建于昭和七年，是日本有形文化遗产之一。食堂改装后成立深川东京现代馆，馆内举办食堂历史展览与美食相关的主题活动，还可以品尝到大正与昭和时期的食堂茶点。

TEL：03-5639-1776　东京都江东区门前仲町1-19-15
开馆时间：10:00-18:00（星期五、星期六19:00闭馆）　闭馆日：星期一
门票：免费
路线：东京地铁东西线等“门前仲町”站下车步行约3分钟

从古老塔钟到新式钟表

精工博物馆

1981年为纪念精工创业100周年而成立的博物馆。在馆内可以看到起源于日晷的钟表历史展、创造出为数众多的“世界第一”与“日本第一”的精工历史与精工产品展及日本屈指可数的和式钟表收藏。采用预约制，有解说员。

TEL：03-3610-6248　东京都墨田区东向岛3-9-7
开馆时间：10:00-16:00　闭馆日：星期一、节日
门票：免费　路线：东武东京树线“东向岛”站下车步行约8分钟

©墨田3M运动①

寂静空间中与艺术面对面

ANDO GALLERY

ANDO GALLERY是明治100%巧克力店经营者、日本艺术家、建筑师兼设计师安东孝一创立的艺术馆。展馆由旧仓库改造而成，外面缀满爬山虎。馆内展出国内外现代艺术品。

TEL：03-5620-2165　东京都江东区平野3-3-6
开馆时间：11:00-19:00　闭馆日：星期一、星期日、节日
门票：免费
路线：东京地铁半藏门线等“清澄白河”站下车步行约10分钟

在和室中欣赏瓷器艺术

古伊万里资料馆

资料馆位于汽车厂2楼。馆内保存着馆长应后大吾20年间收藏的古伊万里瓷器，展出绘有旧墨堤和百花园的风景画，和室里摆放着长火盆、茶具柜等器具，环境宁静而优雅。

TEL：03-3619-3867　东京都墨田区八广5-23-9 汽车株式会社2F
开馆时间：11:00-18:00　开馆日：只有星期六开馆
门票：免费　路线：京成押上线“八广”站下车步行约5分钟

©墨田3M运动

① 1985年由墨田区政府发起的地区振兴运动，旨在发展地区产业、提升地区形象、增强地域活力。运动名称来源于运动的3个目标对象的英文或德文首字母，即小型博物馆（Museum）、兼具生产与销售的工坊商店（Manufacturing shop）与高附加值产品创造者（Meister）。

©墨田3M运动

金库制造商经营的完全预约制博物馆

金库与锁具博物馆

金库与锁具博物馆展出“杉山金库”的历代藏品。狭小的空间里摆放着众多珍贵的金库与锁具。展品包括旧日军用于保管机密文件的昭和十二年产防盗金库及约两千年前古埃及锁钥的复原品等。

TEL：03-3633-9151　东京都墨田区千岁3-4-1
开馆时间：10:00-17:00　开馆日：每月第一、第三个星期六与星期日（8月休馆）
门票：免费　路线：都营新宿线等“森下”站下车步行约3分钟
*完全预约制

鲜艳欲滴的歌舞伎毽球板贴画

毽球板资料馆

毽球板资料馆展览东京都文化功劳奖得主西山鸿月与其子西山和宏制造的毽球板。在馆内可以看到色彩鲜明、工艺精湛的歌舞伎毽球板贴画，了解毽球板贴画的历史并学习制作过程。

TEL：03-3623-1305　东京都墨田区向岛5-43-25
开馆时间：10:00-17:00　开馆日：星期四至星期六（冬天有休馆期）
门票：免费　路线：东武天空树线等“曳舟”站下车步行约12分钟

©墨田3M运动

精妙绝伦的江户城立体模型

江户东京博物馆

博物馆建筑形如一座巨大的白色吊脚楼，是东京最具代表性的景点之一。馆内展示江户时代的风俗民情，浮世绘、和服、生活用具等藏品数量繁多，内容丰富。馆中珍藏的江户城立体模型规模宏大，实景展现江户市井风貌，堪称镇馆之宝。

TEL：03-3626-9974　东京都墨田区横纲1-4-1
开馆时间：9:30-17:30（星期六19:30闭馆）
闭馆日：星期一（适逢节日则为下一个工作日）
门票：600日元等　路线：JR总武线“两国”站西口下车步行约3分钟

揭开隅田川烟花的秘密

两国花火资料馆

介绍隅田川烟花文化的资料馆。馆内展出口径为2至3寸的烟花球与礼花弹发射筒。烟花师是从事烟花制造与发射的工种，在博物馆可以看到烟花师的工作服，想象烟花师秋冬季节的繁忙景象。

TEL：03-5608-6951　东京都墨田区两国2-10-8住友不动产两国大厦1F
开馆时间：12:00-16:00　闭馆日：因季节而异
门票：免费　路线：JR总武线等“两国”站下车步行约6分钟

上野·浅草

儿童填色画、包具、文具等杂货历史悠久。
上野公园与浅草相距不远，也可顺路一游。

一边散步，一边搜索
全世界的奇珍异宝

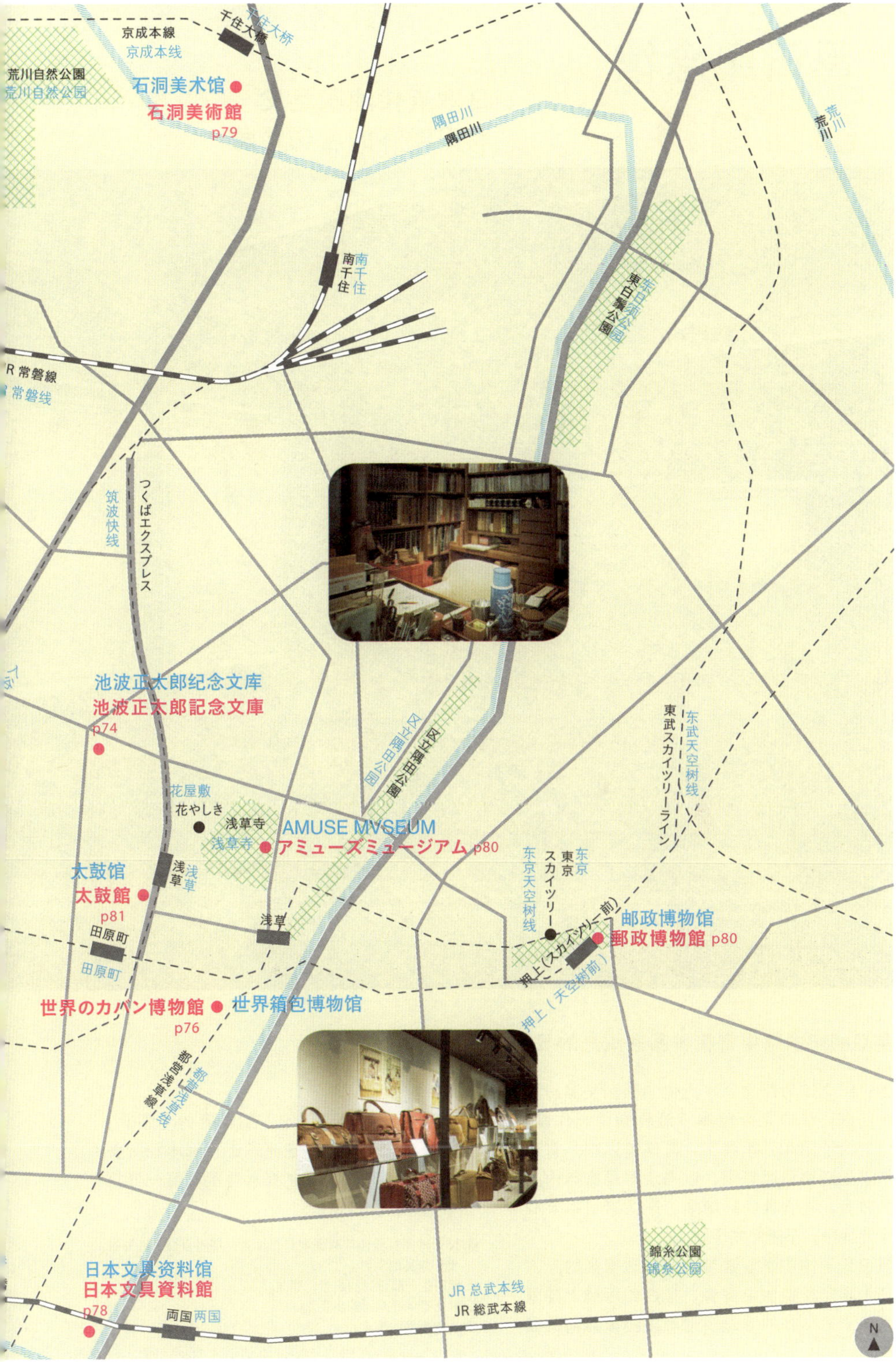
京成本線
京成本线
千住大桥
千住大橋
荒川自然公園
荒川自然公园
石洞美术馆
石洞美術館
p79
隅田川
隅田川
荒川
荒川
南千住
南千住
東白鬚公園
东白须公园
JR 常磐線
常磐线
つくばエクスプレス
筑波快线
池波正太郎纪念文库
池波正太郎記念文庫
p74
区立隅田公園
区立隅田公园
東武スカイツリーライン
东武天空树线
花屋敷
花やしき
浅草寺
浅草寺
AMUSE MVSEUM
アミューズミュージアム p80
東京スカイツリー
东京天空树
太鼓馆
太鼓館
p81
浅草
浅草
浅草
田原町
田原町
郵政博物馆
郵政博物館 p80
押上（スカイツリー前）
押上（天空树前）
世界のカバン博物館
世界箱包博物馆
p76
都営浅草線
都营浅草线
錦糸公園
锦糸公园
日本文具资料馆
日本文具資料館
p78
両国 两国
JR 总武本线
JR 総武本線
N

黑田纪念馆

FREE

日本近代油画之父
黑田清辉的名作珍藏

美丽的纪念馆中寄宿着画家炽热的灵魂

黑田纪念馆为纪念日本近代油画之父黑田清辉而建，馆内保存着黑田清辉的绘画作品。纪念馆于昭和三年竣工，自建馆以来一直保持着庄严肃穆的氛围，以表示对画家与作品的敬意。在安静的环境中，来访者可以专心欣赏画作，不受外物干扰。

黑田纪念馆中摆放着诗人兼雕塑家高村光太郎为画家塑造的半身像，雪白的墙壁上挂着黑田清辉创作的油画及他成为画家之前的素描等珍贵作品。

特别展室开放时可以欣赏到画家的《湖畔》与另外3幅代表作。在充满近代日本独特美感的画馆中近距离观赏经典作品，每一分每一秒都显得弥足珍贵。

A. 特别展室将画作与解说词分开放置，观者可心无旁骛沉浸于作品的世界。
B. 冈田信一郎设计的纪念馆建筑。
C. 对比不同时期的画风变化。
D. 画家喜爱的画具。

看点

1
免费欣赏黑田清辉画作

2
1年3次的名作特别展

3
昭和初期的美术馆建筑

A

B

C

D

Information
TEL：03-5777-8600（代理热线）
东京都台东区上野公园 13-9
开馆时间：9:30-17:00
（入馆时间截至 16:30）* 因时期而异
闭馆日：星期一（适逢节日则为下一个工作日）
门票：免费
路线：JR 山手线等“上野”或“莺谷”站下车步行约 15 分钟
http://www.tobunken.go.jp/kuroda/

COLUMN

革新性的作品《舞伎》

相比高桥由一所作《鲑》一般浓墨重彩的日本油画，黑田清辉的作品取景于自然光线充足的地方，画面色彩明丽，光感十足，给人以鲜明强烈的印象。这一创举性的色彩表现方式在《舞伎》一作中运用自如，在画家跃动的笔触下，从法国回来的黑田清辉在京都街道上感受到的新奇目光仿佛近在眼前。

池波正太郎纪念文库

FREE

热爱浅草、美食与
电影的时代小说家

1

书房原景令人联想作家伏案写作的身影

2

从亲笔书稿中感受作家创作力度的变化

3

妥善保存下来的贴身用品与大量资料

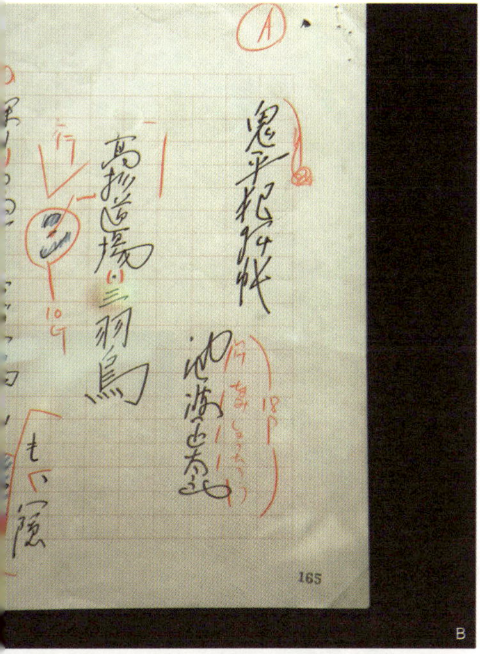

B

为作家认真的生活态度所感染

因《鬼平犯科帐》《真田太平记》等作品闻名于世的池波正太郎是一位热爱生活的作家，他喜爱美食与电影，绘画也是其兴趣之一。池波正太郎纪念文库将作家的生活遗迹与作品妥善保存下来，馆内分为两大区域，其中一区展览作家的书房、亲笔书稿、生前喜爱之物等生活遗物，另一区保存着作家的作品与资料书。作家盛年时期的书稿笔力气势不凡，晚年的字迹则更显宁静柔和，二者相较不由使人感叹人力之局限。

参观作家遗物时，最好结合写作时期年表一起欣赏。即使是数部作品并行的繁忙时期，作家依然很重视物品的分类与摆放，甚至连作品相关的剪纸画、照片等资料都收归齐整，如此认真严谨的生活态度使人心生感佩。

A. 更换书房展出的作品原稿时，参考资料也一并替换。
B. 作家专用的长方格稿纸。
C. 代表作初版书一字排开。作家曾参与装帧设计的书籍也收藏于馆中。时代小说区域日常展出直木赏获奖作等时代小说作品达3000册。

C

Information
TEL：03-5246-5915
东京都台东区西浅草 3-25-16
台东区生涯学习中心 1F
台东区立中央图书馆内
开馆时间：9:00-20:00
（星期日、节日 9:00-17:00）
闭馆日：每月的第三个星期四
门票：免费
路线：筑波快运“浅草”站下车步行约 5 分钟
http://www.taitocity.net/tai-lib/ikenami

COLUMN

从小显示出过人天赋的池波正太郎

池波正太郎曾就读的东京市西町寻常小学保存着作家小学时期的成绩单，不只语文与数学，绘画、歌唱等各科成绩都是甲等。由于家庭缘故，池波正太郎念完小学就开始步入社会。虽经历不同寻常，但池波正太郎的过人才能从小可见一斑。

世界箱包博物馆

FREE

不只有皮质与布材
550多种世界箱包大集合

从材质与设计感受箱包的地域差异

世界箱包博物馆是综合箱包制造商 ACE 株式会社旗下的博物馆。ACE 株式会社创立于1940 年，创始人新川柳作的个人收藏是博物馆最初的藏品来源。迄今为止，世界箱包博物馆已将 40 多个国家 550 多种箱包收为所藏。“世界箱包收藏”展区内分为欧洲、美洲、非洲、大洋洲、亚洲五大陆区，箱包材质包括大象、斑马、穿山甲等珍奇动物皮革。箱包的设计与素材侧面反映一个国家或地区的地理与文化风貌。馆内还收藏着长岛茂雄、羽生结弦、安东尼奥・猪木等社会名流用过的箱包，从中多少能看出旧主的性格特点与生活习惯。

A. 欧洲区展出的象皮手提箱。
B. 孔雀羽毛作为装饰的台湾包。
C. 日本鲑鱼与鳗鱼包。箱包材质反映一国的饮食习惯。
D. 西园寺公望的旅行箱。

1 世界箱包汇聚一堂

2 珍材箱包大开眼界

3 从箱包解读地区特征与时代背景

A

B

C

D

Information
TEL：03-3847-5680
东京都台东区驹形 1-8-10
开馆时间：10:00-16:30
闭馆日：星期日、节日
门票：免费
路线：都营地铁浅草线“浅草”站下车步行约 1 分钟
http://www.ace.jp/museum

周边景观

意外发现的纪念馆

新川柳作纪念馆位于同一幢建筑物的8层，馆内主要介绍ACE创始人新川柳作的生平，同时展出国产手提箱的历史与具有代表意义的珍贵箱包，如在皮革一统天下的箱包界掀起一阵新风的日本第一个尼龙包等。在馆内还可以看到20世纪70年代海外旅行大潮中的箱包宣传画。

日本文具资料馆

!? FREE

A

看点

1
千余件文具紧凑排放

2
历史人物用品荟萃

3
复古的商品包装与招牌设计

B

Information
TEL：03-3861-4905
东京都台东区柳桥 1-1-15
开馆时间：13:00-16:00
闭馆日：星期六、星期日与节日
门票：免费
线路：JR 总武线等“浅草桥”站下车步行约 5 分钟
http://www.nihon-bungu-shiryou-kan.com/

从古至今千余件文具收藏

从公元前埃及在石板上刻字所用的尖头笔到 21 世纪的最新式文具，日本文具资料馆藏品范围之广令人瞠目。伊达政宗、德川家康等历史人物使用过的铅笔仿品与当时和房屋等值的第一台卡西欧计算器是资料馆的镇馆之宝。馆内收藏历代文具样品，既有海外品如辉柏嘉百年之前的铅笔盒，也有从明治至昭和时期的铅笔盒包装纸，历史气息浓厚的时代产品牢牢吸引着人们的目光。小小的文具紧凑排列，不起眼的墙上挂着幕末三舟①的挂轴真品，资料馆的角角落落都潜伏着宝藏。

A. 展柜里排列着中国砚台与日本最初的随身文具“矢立”等珍贵藏品。
B. 逐渐销声匿迹的滑石与纸质石板②。

① 从日本幕末至明代初期三位著名幕臣胜海舟、山冈铁舟、高桥泥舟的总称。
② 厚纸板上涂金刚砂或浮石粉与碳粉的混合物制作而成的石板。

石洞美术馆

看点

1
陶瓷、佛像等世界文化艺术品

2
艺术背景知识详解

3
形如楼台的东洋风建筑

Information
TEL：03-3888-7520
东京都足立区千住桥户町 23
开馆时间：10:00-17:00
（入馆时间截至 16:30）
闭馆日：星期一（适逢节日则为星期二）
* 有较长的闭馆期
门票：500 日元（学生 300 日元）
路线：京成本线“千住大桥”站下车步行约 3 分钟
http://sekido-museum.jp

独特的建筑与质朴的东洋艺术

石洞美术馆的藏品源于千住金属工业株式会社的社长兼会长佐藤千寿的个人收藏。佐藤千寿雅号“石洞”，美术馆因此而得名。馆内展出百余件陶瓷、漆器与佛教美术品，每次观访都能看到不一样的展品。沿着坡道徐徐而上，精美的艺术品一一映入眼帘。古人将理想生活描绘于作品之上，日本因憧憬外国艺术而珍之重之，无论时代、国别与文化，艺术品始终寄寓着人们对生活的美好愿望。

A. 走出地铁就能看到美术馆所在的双鹤楼。
B. 坡道的设计灵感来自古根海姆美术馆。

学习邮票与邮政的历史

邮政博物馆

邮政博物馆介绍日本邮政与通信的历史。馆内展览33万余种邮票与国内外400多件邮政资料，同时设有多种学习体验活动，如提供自行车配送模拟体验的“Go！Go！邮递员”等。

TEL：03-6240-4311
东京都墨田区押上1-1-2东京天空树塔空町9F
开馆时间：10:00-17:30　闭馆日：不定
门票：300日元等
路线：东京地铁半藏门线等“押上（天空树前）”站下车即到

织物与浮世绘中的和之世界观

AMUSE MUSEUM

展出无名匠人与女性的手工艺品，介绍日本民间织物的文化与历史。设有“浮世绘剧院”，播出波士顿美术馆的浮世绘藏品影像并配有解说，以多种方式向人们介绍日本文化。

TEL：03-5806-1181　东京都台东区浅草2-34-3
开馆时间：10:00-18:00　闭馆日：星期一
门票：1080日元等
路线：东京地铁银座线等“浅草”站下车步行约5分钟

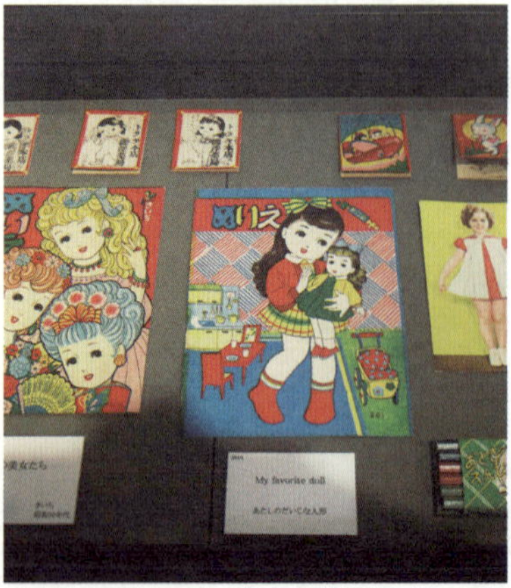

日本唯一的儿童涂色画专馆

儿童涂色画美术馆

收藏国内外各种儿童涂色画，如《喜一的涂色画》等。常设展览室中游客可以随意打开抽屉欣赏里面的涂色画。设有涂色画体验空间，不定期举办涂色画比赛等活动。

TEL：03-3892-5391　东京都荒川区町屋4-11-8
开馆时间：12:00-18:00　闭馆日：星期一至星期五
门票：500日元等
路线：东京地铁千代田线“町屋”站下车步行约15分钟

FREE

初中校舍改建而成的艺术空间

3331 Arts Chiyoda

在练成中学旧校舍的基础上改装而成，包含国内外现代艺术画廊与艺术工作室的综合艺术设施。经常有父母带着孩子前来游玩，也有许多孩子在这里做功课，是一处开放亲民的艺术据点。

TEL：03-6803-2441
东京都千代田区外神田6-11-14旧练成中学
开馆时间：10:00-21:00　闭馆日：无
门票：免费，部分展览需付费
路线：东京地铁银座线“末广町”站下车步行约1分钟

各国打击乐器下的200余种音色

太鼓馆

由经营太鼓与神舆的老字号宫本卯之助商店开办，馆内收藏亚洲、非洲、欧洲与美洲的各类太鼓约900件，其中200余件对外展出。展出的太鼓多数可供体验，参观者临时组成乐团即兴演奏的场景也屡见不鲜。

TEL：03-3842-5622　东京都台东区西浅草2-1-1 4F
开馆时间：10:00-17:00　闭馆日：星期一、星期二
门票：500日元等
路线：东京地铁银座线“田原町”站下车步行约5分钟

古老而美好的下町风光

下町风俗资料馆

为了保存、传播逐渐消失的下町文化，下町风俗资料馆于昭和五十五年在不忍池旁开馆。在馆内可以看到粗点心铺、澡堂柜台、长方火盆、昭和30年代的电视机等明治至昭和时期的风俗产物。

TEL：03-3823-7451　东京都台东区上野公园2-1
开馆时间：9:30-16:30　闭馆日：星期一
门票：300日元等　路线：JR山手线等“上野”站下车步行约5分钟

新宿・世田谷

繁华热闹的表象背后沉淀着深厚的文化底蕴，
众多文豪与知识分子都与此地结下不解之缘。
遥想文人墨客的人生经历与逸闻逸事，觅得余闲好读书。

东京中心的文化宝地

林芙美子纪念馆
林芙美子記念館 p95
新井薬師前
新井药师前
中井
西武新宿線
西武新宿线
JR山手線
JR山手线
高田馬場
高田马场
落合
演剧博物馆
演劇博物館 p84
早稲田大学
早稲田
大学
早稲田
东京地铁东西线
東京メトロ東西線
東中野 东中野
都営大江戸線
都营大江户线
中野坂上
西新宿
西武新宿
新宿三丁目
都营新宿线
都営新宿線
曙桥
曙橋
市谷
市ヶ谷
新宿 ISLAND TOWER
新宿アイランドタワー
新宿尼康中心
ニコンプラザ新宿 p95
新宿
东京玩具美术馆
東京おもちゃ美術館 p86
釣り文化資料館 p94
钓文化资料馆
消防博物館 p95
消防博物馆
新线新宿
新線新宿
新宿御苑前
四谷三丁目
四谷
文化学园服饰博物馆
文化学園服飾博物館 p94
新宿パークタワー
新宿 PARK TOWER
南新宿
新宿御苑
The Artcomplex Center of Tokyo p90
東京オペラシティ アートギャラリー p88
Tokyo Opera City Art Gallery
初台
幡ヶ谷
幡谷
明治神宮
明治神宮野球場
明治神宫棒球场
迎賓館
迎宾馆
代代木公园
代々木公園
N

演剧博物馆

FREE

走进形似剧院的博物馆
打开古今中外戏剧之门

收藏逾百万件戏剧珍品

演剧博物馆是亚洲唯一的专业戏剧博物馆。馆址位于早稻田大学校园内，馆体仿照 16 世纪英国命运剧院（Fortune Playhouse）建造而成。精致的洋楼里保存着能面、歌舞伎服装、小道具、脚本等上百万件藏品，即使每日来馆也难以尽其数。

除日本民俗表演艺术外，博物馆还收藏了包括先锋派戏剧、现代戏剧、电影电视在内的大量戏剧资料，分别介绍各个时代的戏剧影像文化。

馆内陈列的表演服装与化装道具原品只对来馆者开放。博物馆 2 楼举办的专题戏剧展览也是博物馆的一大特色。

A. 矗立于早稻田大学校园一角的博物馆，建筑风格浪漫典雅。
B. 中国面具等海外戏剧资料。
C. 博物馆的每一个角落都很美。
D. 著名女演员的礼服与珍贵的剧团海报。

1

从脚本到服装
藏品数量庞大

2

仿照英国命运剧院设计
的美丽建筑

3

从古典艺能至现代戏剧
展览类型多样

A

B

C

D

Information
TEL：03-5286-1829
东京都新宿区西早稻田 1-6-1
开馆时间：10:00-17:00（星期二与星期五 19:00 闭馆）
闭馆日：星期六、星期日与节日
门票：免费
路线：东京地铁东西线“早稻田”站下车步行约 7 分钟
http://www.waseda.jp/enpaku/

创始人纪念室

羊形装饰的逍遥纪念室

坪内逍遥是日本著名的小说家、评论家、翻译家兼剧作家，也是演剧博物馆的创始人。博物馆2楼的逍遥纪念室曾经是坪内逍遥的私人房间，现对外开放并展览坪内逍遥的著作与书稿。因坪内逍遥于未年出生，生肖羊形的装饰品分散于室内各处，天花板上也刻有羊形浮雕。

东京玩具美术馆

大人和孩子都能够乐在其中
1.5万多件玩具一饱眼福

看点

1 散发着暖意的众多木质玩具

2 小学校改建而成的童趣空间

3 花样百出的学艺员演示活动

B

热爱玩具的大人所建的美术馆

“玩具是一个人最早接触的艺术形式”，玩具美术馆从推广玩具艺术的理念出发，广罗全世界 100 多个国家的各式玩具达 10 万余件。博物馆建筑由旧式小学校舍改建而成，理科教室与音乐教室等地沿用原有风格，置身于其中仿佛漫步于无忧无虑的孩童时代。馆内收藏的大部分玩具允许游客触碰把玩，还有各式新奇游戏等待游客的参与，无论是大人还是孩子都能乐在其中。

除了令人眼花缭乱的玩具之外，“玩具学艺员”也是美术馆的一大财富。剑玉达人、讲故事高手、科普玩具专家……这些精通玩具的工作人员满怀诚挚的爱心与游客积极互动，通过娴熟的技巧帮助游客享受玩耍的乐趣。

A.“育婴木园”里放满了各种木质玩具。
B.“玩具丛林”中心矗立着一幢杉制鸟笼形小楼。
C. 各国玩具之寓教于乐展。
D. 大人也沉浸于其中的世界桌游展。

C

Information
TEL：03-5307-9001
东京都新宿区四谷 4-20 四谷广场内
开馆时间：10:00-16:00（入馆时间截至 15:30）
闭馆日：星期四
门票：500 日元（初中生以上 800 日元，双人票 1200 日元）
路线：东京地铁丸之内线“四谷三丁目”站下车步行约 7 分钟
http://goodtoy.org/ttm/

D

周边商店

丰富多彩的手工玩具

面向馆内与馆外的顾客，贩卖日本全国玩具艺术家制作的手工玩具，品种齐全国内首屈一指。木质动物响板在店内尤其受欢迎。店员与玩具制作家保持直接联系，感兴趣的顾客也可与店员谈谈玩具制作的趣事。

Tokyo Opera City Art Gallery

拥有最新潮艺术品的WHITE CUBE

BODY LOUD! Courtesy the artist

广阔空间内的优质展览

位于综合文化设施 TOKYO OPERA CITY 的一座现代美术馆。馆内展出国内外活跃艺术家的作品，举办绘画、雕刻、影像、时尚等艺术专题展览。

美术馆遵循 WHITE CUBE 理念布置展厅，尽可能排除多余的装饰与配置，使光线均匀地充满内部空间，为作品提供最好的展览环境。展厅内观跟随专题展的艺术风格而不断发生变化，有时甚至使人怀疑误入了其他美术馆。

馆内藏品来源于美术收藏家寺田小太郎的个人收藏，以难波田龙起、难波田史男父子的作品为主，体现出个人收藏家的独特视角。

A. 利用天花板高度布置而成的大型展览。

B. 寺田藏品多达3000件。

C. 开放清爽的空间布局。

看点

1

广阔空间里的现代艺术精品

2

除了作品几乎空无一物的展厅

3

以战后日本美术为主的收藏品

B

C

Information

TEL：03-5777-8600（代理热线）

东京都新宿区西新宿 3-20-2

开馆时间：11:00-19:00（星期五与星期六 20:00 闭馆，入馆时间截至闭馆前 30 分钟）

闭馆日：星期一（适逢节日则为下一个工作日）

门票：1200 日元（高中生与大学生 800 日元）

路线：京王新线“初台”站下车步行约 5 分钟

http://www.operacity.jp/ag/index.php

周边商店

艺术商品精选

美术馆中央以玻璃隔开的“第5展区”是美术馆的周边商店。店内销售展会周边及国内外最新出版的艺术书籍，此外还有“歌舞伎风吕敷①”（864 日元）等时尚用品与艺术复制品。

① 用于包裹物品、近似于正方形的布。

The Artcomplex Center of Tokyo

FREE

大小不一的六间展室　主题各异的六场展览

每日发现新艺术

艺术综合设施，于2007年成立。欧洲中世纪风格的砖砌建筑中建有5个展览室与1个巨大的地下展厅，分别策划不同的展览。绘画、装饰、学生作品发布会等内容多样，游客可一次性观赏6场展出，遇到世界新锐作品的概率也很大。在以就寝为主题的情景艺术中，创作者在现场突然开始睡觉，诸如此类的创意作品层出不穷，表现形式自由而充满想象力。馆内设有咖啡厅，为来馆者提供轻松的用餐环境。

A. 绘画展与空间艺术。
B. 地上5间展览室依次名为ACT1—ACT5，各自举办独立的展览。
C. 建筑颇具复古情调。
D. 家具从法国南部进口。

看点

1 六间互相独立的展览室

2 浪漫迷人的复古式建筑

3 新锐艺术家作品大发现

A

B

C

D

Information
TEL：03-3341-3253（代理热线）
东京都新宿区大京町 12-9 2F/B1F
开馆时间：11:00-20:00
闭馆日：星期一（适逢节日则为下一个工作日）
门票：免费
路线：东京地铁丸之内线“四谷三丁目”站下车步行约 7 分钟
http://www.gallerycomplex.com/

COLUMN

放松心情，随意游览

长廊两边的展览室大多为免费展场，喜欢就可以直接进入观赏。最大的展览室隐藏在地下，切勿放过！

世田谷文学馆

看点

1

华丽诡谲的MUTTONI机巧箱

2

横沟正史等文豪的原稿与初版书籍

3

从专题展览了解当今文学

Information
TEL：03-5374-9111
东京都世田谷区南乌山 1-10-10
开馆时间：10:00-18:00
闭馆日：星期一
门票：200 日元（65 岁以上老人 100 日元，高中生与大学生 150 日元）
* 专题展览的票价各不相同
路线：京王井头线“芦花公园”站下车步行约 5 分钟
http://www.setabun.or.jp/
* 从 2016 年 9 月 16 日至 2017 年 4 月 21 日因内部修整休馆。

机巧演绎的文学世界

许多文学家将居所安置在世田谷，这里也因此成为一块文化宝地。世田谷文学馆收藏着横沟正史、海野十三等曾居住于世田谷的作家资料，经常举办各种藏品展与专题展。

展品中尤其值得介绍的是被称为“MUTTONI”的艺术家武藤政彦所制作的机巧箱。机巧箱是一种集合朗诵、光效、音乐等多种艺术形态为一体的综合装置，以舞台的形式表现作品，相当于一座迷你剧院。馆内可以看到村上春树的《眠》、中岛敦的《山月记》、萩原朔太郎的《猫町》、海野十三的《月世界探险记》、从雷・布雷德伯里（Ray Bradbury）小说得来灵感的 *ALONE RENDEZVOUS* 等作品的机关舞台展示，神秘奇幻的箱中世界令人目眩神迷。

A. 海野十三《月世界探险记》的机巧箱展示。火箭发射的一瞬间，故事迎来高潮。
B. 随季节不断更新的专题展览。

芦花纪念馆

FREE

看点

1
林中的茅盖书院

2
作者遗物与作品

3
绿树成荫的公园

A

B

Information
TEL：03-3302-5016
东京都世田谷区粕谷1-20-1
开馆时间：9:00-16:00
闭馆日：12月29日 - 1月3日
门票：免费
路线：京王井头线“芦花公园”或“八幡山”站下车步行约 15 分钟；京王井头线“千岁乌山”站换乘京王巴士至“芦花恒春园”站下车步行约 7 分钟

德富芦花亲自命名的爱宅“恒春园”

德富芦花旧宅坐落于芦花恒春园内，为后人留下《不如归》等小说作品的德富芦花在此地居住长达 20 年之久。据传，芦花与一心憧憬的托尔斯泰在俄国促膝长谈 5 日后返回日本，开始了在恒春园内晴耕雨读的生活。作家的生活用品、作品原稿等现作为文物展出于纪念馆中。芦花深受同志社恩师新岛襄的影响，遗物中多见具有西洋现代风格的物品。宅邸由 3 栋建筑构成，其中梅花书屋与秋水书院是芦花专门用于写作的地方。闲庭信步，欣赏绿意盎然的园景，任思绪飘远。

A. 在纪念馆的展厅里可以看到作者年表与作者画的写生图。
B. 翠色欲流的杂木林掩映茅盖梅花书屋。图片右侧为主屋。

博大精深的食文化展览

东京农业大学“食与农”博物馆

以“观看·聆听·触碰”为主题的体验型博物馆。建筑由隈研吾设计而成。日本酒的仓库管理工作多由本校学生负责，毕业的仓管员留在校内的280瓶名酒展称得上是馆内名景。隔壁的大温室收集了狐猴等许多珍稀动物品种。

TEL：03-5477-4033　东京都世田谷区上用贺2-4-28
开馆时间：10:00-17:00（冬季12-3月16:30闭馆）
闭馆日：星期一　门票：免费
路线：小田急线“经堂”站下车步行约20分钟

绚丽多彩的和服、西洋礼服与民族服装

文化学园服饰博物馆

日本国内屈指可数的服饰博物馆。收藏世界稀有服装如十二单衣、能乐装束、欧洲礼服、高级时装设计师作品、民族服装等。一年举办4次专题展，多彩的展会如同盛宴现场。

TEL：03-3299-2387　东京都涩谷区代代木3-22-7
开馆时间：10:00-16:30　闭馆日：星期日与节日
门票：500日元等
路线：JR山手线等“新宿”站下车步行约7分钟

日本传统钓具展览

钓文化资料馆

《周刊垂钓新闻》杂志运营的全国首家以“钓”为主题的博物馆。馆内展出150余件和式钓竿及鱼笼、书籍等资料，还能看到东京湾曾盛行一时的高脚钓凳。非钓鱼爱好者也推荐来此一观。

TEL：03-3351-8248　东京都新宿区爱住町18-7
开馆时间：10:00-17:00　闭馆日：星期六、星期日与节日
门票：免费
路线：都营新宿线“曙桥”站下车步行约5分钟

昭和女作家的生活剪影

林芙美子纪念馆

林芙美子以《放浪记》《浮云》等作品闻名于世。这间纪念馆是作家最后的居所。房间的所有陈设维持原样，保留了浓浓的生活气息。比起客厅，生活空间的布局更为用心，从中不难看出作家的生活习性与偏好。在丈夫画家手塚绿敏的工作室里，可以看到林芙美子的常用品及相关资料。

TEL：03-5996-9207　东京都新宿区中井2-20-1
开馆时间：10:00-16:30　闭馆日：星期一
门票：150日元等
路线：都营大江户线等"中井"站下车步行约7分钟

FREE

屋顶上的消防直升机

消防博物馆

介绍从江户时代起的消防历史，展出各国消防车等消防器具。屋顶停放着一台曾实际投入使用的消防直升机，游客能够进入指挥室体验消防驾驶员的工作环境。狭小的展馆内，云梯、泵浦等消防车紧凑排列，场面壮观。在馆内还可以试穿消防队服。

TEL：03-3353-9119　东京都新宿区四谷3-10
开馆时间：9:30-17:00　闭馆日：星期一
门票：免费
路线：东京地铁丸之内线"四谷三丁目"站出2号口即到

FREE

摄影迷的天堂

新宿尼康中心

尼康创业50周年建成的摄影作品展览馆。众多摄影家在这里开办展览，举办研讨会与讲座，密切互动。如果你是摄影爱好者，极力推荐来馆参观。

TEL：0570-028-8060（机构热线）
东京都新宿区西新宿1-6-1 新宿L Tower 28F
开馆时间：10:30-18:30
闭馆日：2月11-12日、8月21-22日等
*有可能发生变化
门票：免费　路线：JR中央线等"新宿"站下车步行约3分钟

池袋

年代久远的宅邸，复古迷人的建筑，
艺术家的传奇人生，流传后世的佳作，
都为熟悉的池袋增添一抹优雅的色彩。

热闹的大街上
隐藏着许多鲜为人
知的浪漫艺术馆

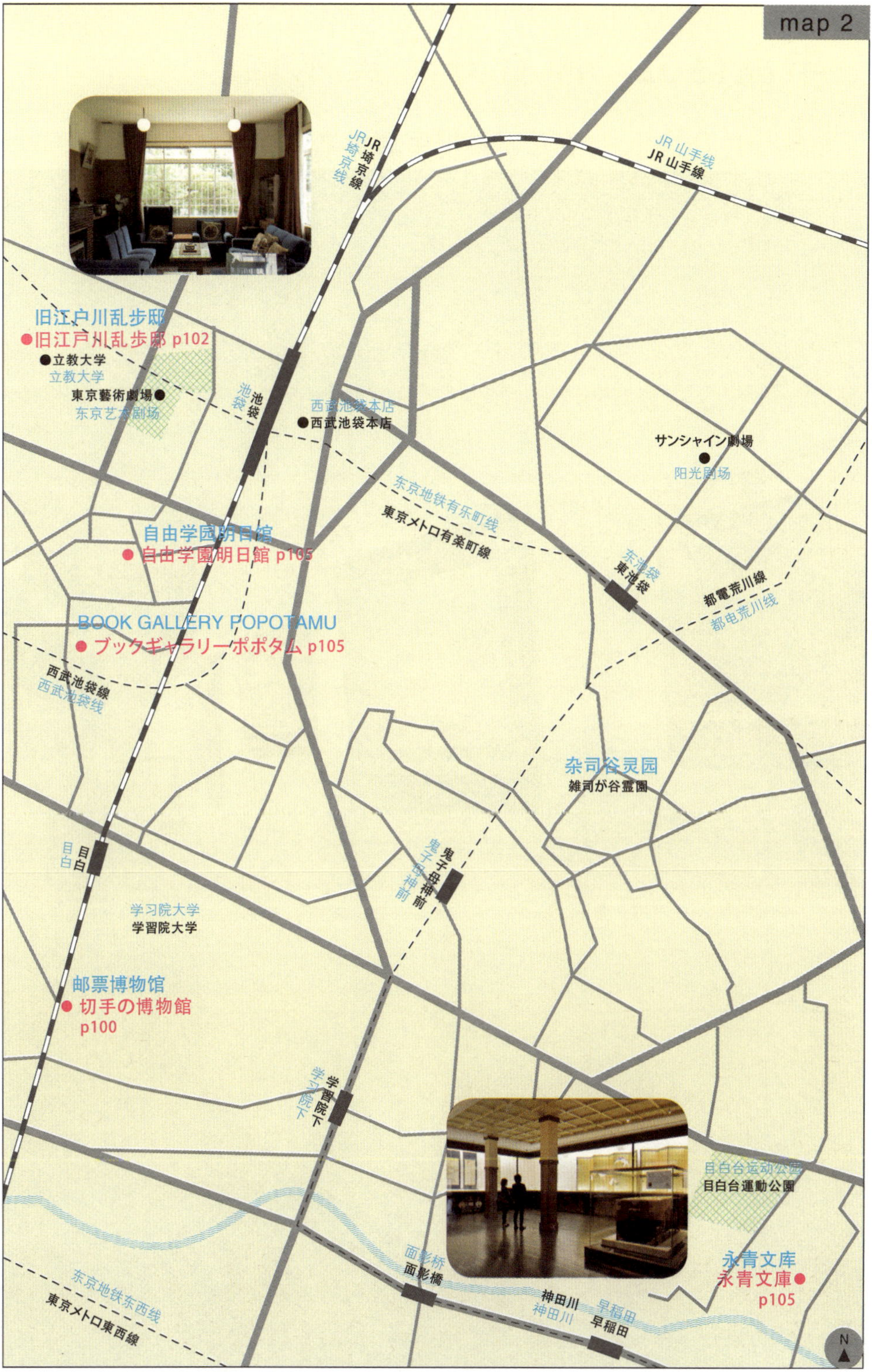
map 2
JR埼京线
JR埼京線
JR山手线
JR山手線
旧江户川乱步邸
旧江戸川乱歩邸 p102
立教大学
立教大学
東京藝術劇場
东京艺术剧场
池袋
西武池袋本店
西武池袋本店
サンシャイン劇場
阳光剧场
东京地铁有乐町线
東京メトロ有楽町線
自由学园明日馆
自由学園明日館 p105
东池袋
東池袋
都電荒川線
都电荒川线
BOOK GALLERY POPOTAMU
ブックギャラリーポポタム p105
西武池袋線
西武池袋线
杂司谷灵园
雑司が谷霊園
目白
目白
鬼子母神前
鬼子母神前
学习院大学
学習院大学
邮票博物馆
切手の博物館
p100
学习院下
学習院下
目白台运动公园
目白台運動公園
面影桥
面影橋
永青文库
永青文庫
p105
东京地铁东西线
東京メトロ東西線
神田川
神田川
早稲田
早稲田
N

丰岛区立　熊谷守一美术馆

在艺术家旧宅遗址之上欣赏奇特建筑与美妙油画

1	2	3
蜿蜒曲折的展览空间	质感突出的混凝土建筑	门票免费的3楼画廊

B

C

D

《白猫》栖息的画廊

熊谷守一美术馆是一座隐藏于住宅区的现代美术馆。生活氛围浓厚的街区中，风格冷硬、混凝土质感强烈的建筑使人眼前一亮。美术馆由画家熊谷守一（1880—1977）的次女、画家熊谷榧在熊谷守一的旧宅遗址之上建立而成。1、2 两层为展厅，3 层为出租画廊，画廊可以免费观赏。来馆者最先看到的作品是放大装饰于美术馆外墙的《赤蚁》，可爱的蚂蚁像一群领路人，邀请人们来到快乐的艺术世界。

常设展览展出油画 30 余件、书法与水墨画作品 30 余件，涵盖画家从初期到晚年的作品。每年 5 月中旬至 6 月末举办美术馆成立纪念展，整个美术馆包括 3 层的出租画廊统一展出熊谷守一的作品，将整栋建筑染上熊谷艺术的气息。

A. 1楼展室波浪起伏的墙壁与略微倾斜的地板，与作品巧妙呼应。
B. 临窗可见前庭绿意。
C. 轻松休闲的内部设计。
D. 人气极高的晚年油画。

Information
TEL：03-3957-3779
东京都丰岛区千早 2-27-6
开馆时间：10:30-17:30
（入馆时间截至 17:00）
闭馆日：星期一
门票：500 日元（小学生以下免费，小学生与初中生 100 日元，高中生与大学生 300 日元）
路线：东京地铁副都心线“要町”站下车步行约 8 分钟
http://kumagai-morikazu.jp/

COLUMN

随处可见的守一意象

本馆建筑是ICD建筑设计事务所设计师冈秀世氏的作品，精湛的设计时常吸引其他建筑师前来观摩。门把手加入熊谷守一的作品元素，展览室的地板略微倾斜，此类令人联想到熊谷守一作品的设计在这间美术馆中随处可见，匠心独运的室内装饰大多出于馆长榧之手。

邮票博物馆

拥有约35万种邮票藏品

规模之大，国内罕见的邮政邮票博物馆

1 贴满邮票的展墙

2 邮票里的异国文化

3 集邮爱好者举办的研究发布会

B

C

D

斑斓如画的邮票集合

以集邮家水原明窗的收藏品为中心，邮票博物馆共收藏邮票与相关资料约 35 万件。
博物馆以专题展的形式公开数量庞大的邮票藏品，《发型邮票图鉴》将全世界邮票中出现的人物发型按照亚洲、欧洲、非洲等不同地域分门别类，《大～家的日本》展汇集了全世界的日本主题邮票，丰富多彩的内容展现了世界文化的多样性。《海洋生物奇珍》《咖啡与茶的时间》《眼镜！眼镜！眼镜！》等小范畴专题展览同样充满新意，小小的博物馆常客源源不绝。

A. 未使用过的邮票可以代付门票。
B. 各国邮票设计风格不同。
C. 2层的图书室展出世界最早的邮票黑便士。
D. 集邮爱好者常常在3楼举办邮票研究发布会，展出邮票中不乏珍稀版本。照片为国外的自动消印盖印机。

Information
TEL：03-5951-3331
东京都丰岛区目白 1-4-23
开馆时间：10:30-17:00
闭馆日：星期一
门票：200 日元（小学生、初中生 100 日元）
路线：JR 山手线“目白”站下车步行约 3 分钟
http://www.yushu.or.jp/museum/

COLUMN

手工雕刻版铭的日本初代邮票

2层图书室收藏着日本最早的邮票——龙文邮票（发行于明治四年）。明治九年日本开始应用西洋的机械化凸版印刷技术，在此之前日本邮票的版铭依靠人工刻制，一版40枚邮票，40个图案需要一一重复操作。

旧江户川乱步邸

FREE

走进作家最后的居所
迷失于江户川乱步的世界

A

成立于乱步宅邸中的文学馆

推理作家江户川乱步为了寻找自己心目中理想的家宅，一生搬家40余次，使作家最终定居下来的就是一间带有仓库、拥有小说氛围的宅邸。70岁去世前的约30年间，江户川乱步一直生活在这里。

宅邸中的洋馆部分建于昭和三十二年，房间内的沙发、窗帘购于三越，绒毯则是高岛屋的商品。馆内展出作家藏书、亲笔书稿、推理笔记、常戴的眼镜等珍贵资料，门牌上写着作家的本名“平井太郎”，这座建筑里的任意一件物品都遗留着乱步的生活痕迹，称得上乱步爱好者的天堂。其中最能体现乱步神髓的地方要数院内的2层楼仓库，远远望去都能感受到弥漫于仓库四周的怪诞空气。

A. 玄关口张贴着《黄金假面》的原稿与面具。
B. 木质构造的洋馆外壁贴着黄色的瓷砖，透出亲切平和之感。
C. 珍贵的初版书籍与连载杂志。

1
江户川乱步私人住宅

2
书稿、眼镜等
作家生前的常用物品

3
与小说如出一辙的神秘
仓库

B

C

Information
TEL：03-3985-4641
东京都丰岛区西池袋 3-34-1
开馆时间：10:30-16:00
开馆日：星期三、星期五
门票：免费
路线：多线通过“池袋”站下车
步行约 10 分钟
http://www.rikkyo.ac.jp/aboutus/profile/facilities/edogawaranpo/index.html

COLUMN

乱步的藏书

乱步家的仓库形似“幻影城”。打开仓库大门，竟是一座书库。藏书约2万册，其中大多为近代书籍。书籍被整齐放置于书箱中，书箱依次排序，外有书名标志，借出未归的书目也一目了然。一丝不苟的摆放方式如同鬼气森森的仓库一样令人毛骨悚然。据传，乱步的孙子与萩原朔太郎的孙女第一次见面就是在这间仓库里。

丰岛区常盘庄纪念馆

FREE

看点

1

完美再现常盘庄公寓房间内景

2

名产碳酸酒“都铎”还原套装

3

漫画名作读书角

Information

TEL：03-6674-2518

东京都丰岛区南长崎 2-3-2

开馆时间：10:00-18:00

闭馆日：星期一（适逢节日则为下一个工作日）

门票：免费

路线：西武池袋线“椎名町”站下车步行约 15 分钟

漫画大师同在一个屋檐下

“常盘庄”是位于东京都丰岛区的一栋公寓，手冢治虫、赤冢不二夫、石之森章太郎、藤子·F·不二雄、藤子不二雄Ⓐ等日本著名漫画家曾聚居于此，共同生活，专心创作。公寓因房屋老化已被拆除，但漫画家对区域的影响力经久不衰，整条街道到处竖立着漫画家的纪念象征物，漫画圣地的光芒吸引着全国爱好者前来拜谒。

常盘庄纪念馆是建于常盘庄原址附近的仿造建筑，意在还原常盘庄的本来面貌。住在常盘庄时，大家常常聚在寺田博雄的房间里小酌，寺田发明的烧酒兑汽水“都铎”是每场聚会的必备品，纪念馆还原了漫画家酒尽人散后的房间场景。公寓附近有一家名叫“松叶”的拉面店，店里的盖浇饭是漫画家们的心头大爱，如今也成为漫画爱好者心中难以替代的珍贵遗产。

A. 原稿纸袋、羽毛掸帚、矮脚桌及“都铎”系列碳酸酒。窗外风景也还原旧貌。在一楼可以阅读常盘庄漫画家创作的漫画作品。

专解谜题的推理图书馆

推理文学资料馆

日本唯一的推理小说专业资料馆。从江户川乱步至赤川次郎，馆中收集了从古至今大量推理小说家的作品。在这里还能看到“二战”前后的侦探杂志等如今难以入手的珍品。展出书籍多数可触碰，古本特有的气味与质感带人走进原始的推理世界。

TEL：03-3986-3024　东京都丰岛区池袋3-1-2光文社大厦1F
开馆时间：9:30-16:30　闭馆日：星期一、星期日、节日
门票：300日元　路线：东京地铁有乐町线“要町”站下车步行约3分钟
*资料不可借出。

FREE

书店、艺术周边商店与画廊合为一体

BOOK GALLERY POPOTAMU

安静住宅区中的书店兼画廊。经营艺术书籍、迷你漫画、饰品、纸艺等文艺产品，展出、销售精心挑选的书籍与艺术品，如捷克手翻漫画与绘本等，体现独特的审美意识。

TEL：03-5952-0114　东京都丰岛区西池袋2-15-17
开馆时间：13:00-20:00（周六、周日与节日13:00-19:00）
闭馆日：因专题而异　门票：免费
路线：JR山手线“目白”站下车步行约7分钟

细川家族美术工艺品展览

永青文库

细川家是拥有54万石粮产封地的熊本大户，永青文库建于熊本细川家江户时代的偏屋旧址之上，馆内收藏并展出细川家的茶具、绘画等约6000件艺术品。浮世绘、春宫图、日本刀剑等专题展尤其受欢迎。

TEL：03-3941-0850　东京都文京区目白台1-1-1
开馆时间：10:00-16:30　闭馆日：星期一
门票：800日元等　路线：都电荒川线“早稻田”站下车步行约10分钟

建筑大师的作品

自由学园明日馆

自由学园明日馆是旧帝国酒店设计者弗兰克·劳埃德·赖特的作品，建筑始建于大正时期，是日本重要的文化遗产之一。屋内天花板高悬、宽窗外绿草如茵，世外桃源般的景色隔离了一切都市喧嚣。

TEL：03-3971-7535　东京都丰岛区西池袋2-31-3
开馆时间：10:00-16:00
闭馆日：星期一（星期六、星期日与节日是否闭馆需要提前确认）
门票：400日元等　路线：JR山手线等“池袋”站下车步行约5分钟

武藏野

离开繁华的城市中心，向城市周边进发。
绿树掩映，青草芳香，绘本与电影触动人的冒险情怀。
这是一个充满浪漫与不可思议的神奇世界。

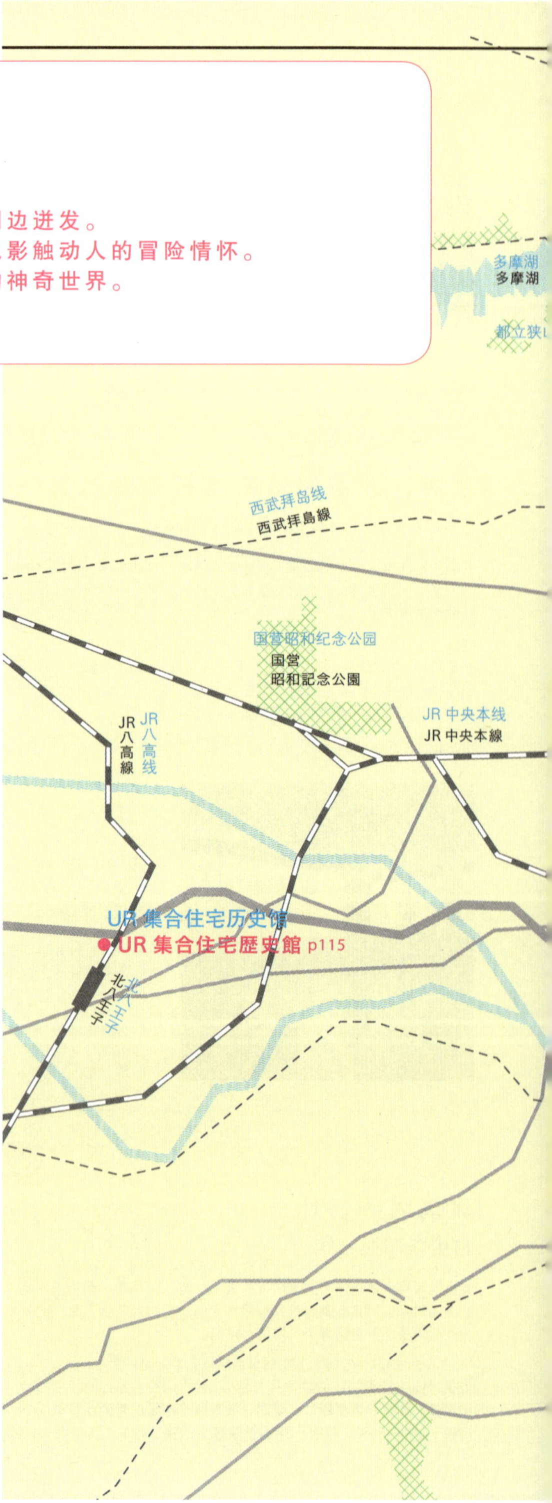

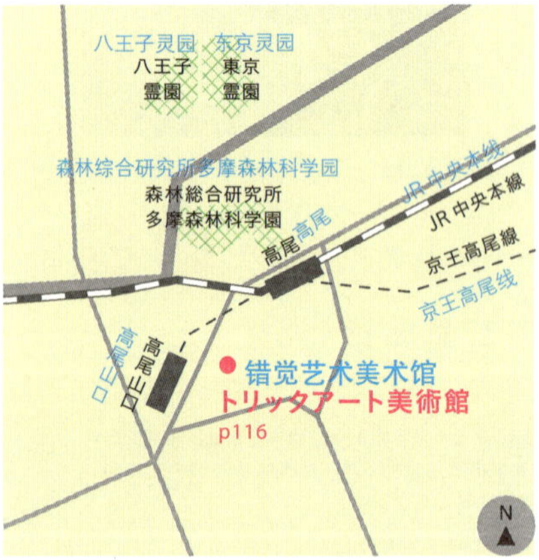

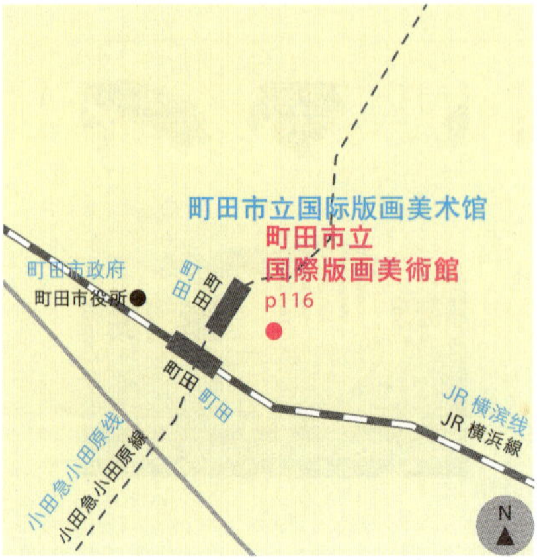

绿意环绕的街道
故事诞生的沃土

三鹰八音盒馆

聆听古董八音盒的美妙旋律

观之悦目、闻之悦耳的古董乐器

三鹰八音盒馆收藏着大量的八音盒、自动演奏乐器与机械人偶。美丽的古董乐器像一座座小型教堂，轻柔的音乐与解说语缓缓流淌而出，19 世纪上层社会的家庭生活场景仿若近在眼前。

相较于古董八音盒，现代八音盒在大小、设计等方面都有所改变，但利用凸点挑动音板使之振动发声的原理是相同的。八音盒主要分为通过唱盘转动发声的唱盘式八音盒与随着金属筒滚动发声的圆筒形八音盒，探究其中的不同构造也不失为一种乐趣。

A. 19世纪瑞士、德国与美国产的藏品较多。
B. 善于演奏重低音的机种。
C. 像点唱机一样，投入钱币会自动奏响音乐。
D. 音乐与解说每到整点准时响起。

看点

1
形似古董家具的美丽八音盒

2
历经百年毫无减损的美妙音色

3
精巧纤细的机关构造

A

B

C

D

Information
TEL：0422-26-8121（代理热线）
东京都三鹰市上连雀 2-2-5 复调三鹰 3F
开馆时间：10:45-18:00（入馆时间截至 17:00）
闭馆日：星期二与星期三（节日开馆）
门票：高中生以上 800 日元（小学生与初中生 400 日元）
路线：JR 中央线“三鹰”站下车步行约 3 分钟
http://mitakaorgel.jp/

COLUMN

规格不同的唱盘

唱盘式八音盒的款式与唱盘尺寸一一对应，基本上不存在可以互换唱盘的异款八音盒。但美国的“Regina Style 50”与德国的“Polyphon Style 440”却是例外，二者可以互换唱盘，是唱盘式八音盒中的珍贵样本。

三鹰市星星、森林与绘本之家

FREE

大正建筑物中包藏着自然与宇宙

翻开绘本，打开宇宙之门

由国立天文台机关宿舍改建而成的美术馆还保留着大正四年竣工时的传统造型，馆内收藏了许多有关星星、森林、地球等自然主题的书籍。这些书可以拿到美术馆的客厅、书房等任意一间开放的房间里阅读。曾经的起居室与食堂现在作为展览室使用，举办各种绘本专题展览。建筑展览室里存放着平成二十一年修复工程的各种资料。在书的陪伴下度过一整天，体内仿佛又涌现出孩童时期才有的好奇心。你也许会突然发现，遑论宇宙，每天居住的房间其实都存在着许许多多的未知领域。

A. 天文台职工宿舍摇身变为艺术展览室。
B. 宽敞的榻榻米房间。
C. 壁挂式电话、老式钟表等时代产物勾起人的怀旧之情。
D. 也有大人感兴趣的书。

看点

1
保留大正时代特色的建筑物

2
星星、森林等自然主题绘本与图鉴

3
古朴温暖的室内陈设

A

B

C

D

Information
TEL：0422-39-3401
东京都三鹰市大泽 2-21-3 国立天文台
开馆时间：10:00-17:00
闭馆日：星期二
门票：免费
路线：JR 中央线“武藏境”站换乘小田急巴士，狛江站北口方向行至“天文台里”站，下车步行约 2 分钟
http://www.city.mitaka.tokyo.jp/ehon

COLUMN

日本传统房屋的复原工作

展览室破损的墙壁由日本专业的壁工左官屋负责修理，采用日本传统房屋墙壁的建造方法，将竹子填在墙壁破损处，使用麻绳固定后用土封实。结合武藏野美术大学学生研究绘制的资料能够更详细地了解左官屋的具体操作方法。

东京知弘美术馆

欣赏全世界的绘本与
岩崎知弘的绘画作品

看点

1 色彩细腻的知弘作品

2 现实逼真的复原工作室

3 国内外作品专题展览

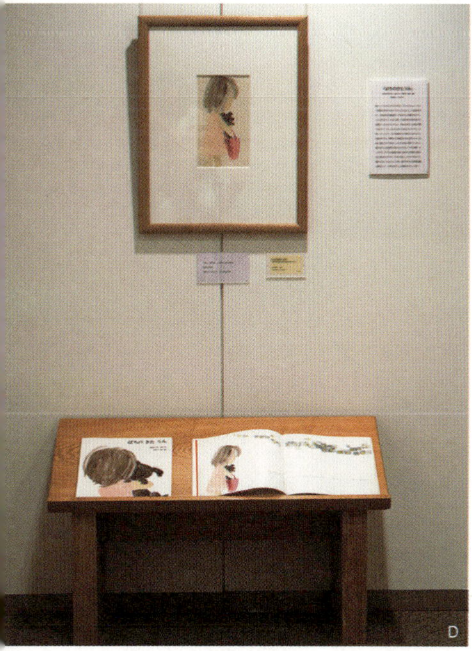

世界最早、规模最大的绘本美术馆

画家岩崎知弘终其一生为孩子的幸福而创作，东京知弘美术馆收藏并展示岩崎知弘的作品及全世界的绘本原画，包括艾瑞·卡尔的《好饿的毛毛虫》等名家作品，现有藏品数量达 26800 件，范围扩展至 33 个国家，是世界上收藏规模最大的绘本原画美术馆。

作品展览公开原画，使人们能够看到原画上微妙的色彩变化与画家纤细的笔触，这是印刷图所无法做到的。模仿画家工作室建造的房间里摆放着《世界文学全集》等书籍资料，还可以看到俄罗斯套娃、特拉普黄油糖等孩子喜欢的玩意儿。工作室简朴又安静，仿佛受邀前来一般的氛围令人心生暖意，屋外的天空也一如画中模样。

A. 1972年前后是画家创作的高峰期，美术馆复原了当时的工作室场景。

B. 坐在画家心爱的沙发上观赏。

C. 温柔的笔迹后隐藏着一颗火热的心。

D. 绘本《波奇的北海》中抱着小狗的少女。

Information

TEL：03-3995-0612

东京都练马区下石神井 4-7-2

开馆时间：10:00-17:00（入馆时间截至 16:30）

闭馆日：星期一（适逢节日则为星期二）

门票：800 日元（高中生以下免费）

路线：西武新宿线“上井草”站下车步行约 7 分钟

http://www.chihiro.jp/tokyo

COLUMN

画家住宅与工作室旧址

画家知弘在自宅与工作室里度过了生命最后22年。美术馆建于知弘住宅与工作室的旧址之上，画家喜爱的花草至今仍在中庭茂盛生长。

青翠的树木，如榉树，以及初夏盛开的鲜艳蔷薇，美丽的花木在不同季节里生长绽放。隔着图书馆与咖啡馆的玻璃窗，可以欣赏到它们迷人的身姿。

杉并动画美术馆

FREE

A

看点

1
动画的构造与历史展览

2
动画制作人的工作场景

3
后期录音等体验活动

Information
TEL：03-3396-1510
东京都杉并区上荻 3-29-5 杉并会馆 3F
开馆时间：10:00-18:00
闭馆日：星期一（适逢节日则为下一个工作日）
门票：免费
路线：JR 中央线等“荻洼”站换乘关东巴士 0 路或 1 路，行约 5 分钟至“荻洼警察署前”站下车步行约 2 分钟
http://sam.or.jp

在体验中学习动画的构造与历史

杉并动画美术馆是一家展示动画制作过程与动画发展历史的美术馆。漫画家、动画制作人铃木伸一担任馆长。馆内重点展示在透明片材赛璐珞上绘图的早期动画制作法，通过动画的制作过程、现场情景等细节介绍动画的形成原理，普及从黎明时期直至现代的动画发展史。
除展览外，馆内还提供丰富多彩的动画制作体验活动，如《铁臂阿童木》动画的后期录音等，游客可亲身参与以获得实际认知。
制作场景展区还原《机动战士高达》系列导演富野由悠季等著名动画制作人的工作环境，办公桌上放着用于确认角色动作时间的秒表与动画分镜，使人再一次体会到动画出自人手这一事实。

A. 小隔间里的电视机随机播放经典动画。馆内还展出漫画家的签名与签绘。

真实的住宅展览室

UR集合住宅历史馆

实景还原同润会代官山公寓等旧式住宅区的室内景观，记录集群住宅建筑的历史。馆内保留着曾经入住者的募集传单等资料，内容非常有趣，值得一看。

TEL：042-644-3751　东京都八王子市石川町2683-3
开馆时间：13:30-16:30　闭馆日：星期六、星期日、节日
门票：免费　路线：JR八高线“北八王子”站下车步行约10分钟
*完全预约制

对大人同样具有吸引力的迷宫式建筑

三鹰之森吉卜力美术馆

宫崎骏担任馆长。中央大厅从地下一层到地上二层一气贯通，跃层与桥廊相互连接，宛如一座小型宫殿。屋顶花园伫立着《天空之城》的机器人士兵。走进馆内，仿佛闯入了动画电影的梦幻世界。美术馆独家播出的原创动画短片是必看项目，许多作品的精彩程度超乎想象。

TEL：0570-055-777　东京都三鹰市下连雀1-1-83
开馆时间：10:00-18:00　闭馆日：星期二　门票：1000日元等
路线：JR中央线等“三鹰”站下车步行15分钟
*需预约具体日期与时点 *可以在罗森便利店（LAWSON）预约买票

©Museo d'Arte Ghibli

太宰治经常光顾的酒店

太宰治文学沙龙

太宰治文学沙龙建于太宰治居住于三鹰下连雀时常去的伊势元酒店旧址之上。展览按专题形式依次展出作品原稿、初版书籍等资料，从遗物碎片中勾勒出作家的人生轨迹。在这里还可以买到短笺、铅笔等原创周边。

TEL：0422-26-9150
东京都三鹰市下连雀3-16-14 Grand Jardin三鹰1F
开馆时间：10:00-17:30　闭馆日：星期一
门票：免费　路线：JR中央线等“三鹰”站下车步行约3分钟

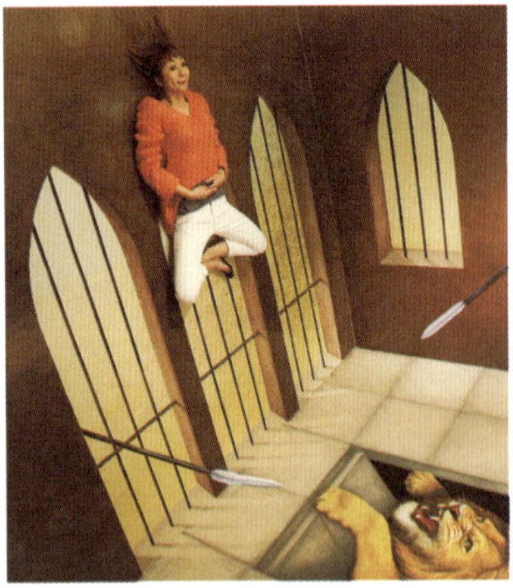

惊喜不断，惊吓连连

错觉艺术美术馆

古埃及主题馆。巧妙利用人的错觉构造不可思议的场景，如能使孩子变得比成人都高大的房间、恐怖的阿拉伯监狱、飞跃而出的万花筒等。游客可在馆内摄影留念。

TEL：042-661-2333　东京都八王子市高尾町1786
开馆时间：10:00-19:00（12-3月18:00闭馆）
闭馆日：不固定　门票：1300日元等
路线：京王高尾线“高尾山口”站下车步行约1分钟

世界难得一见的版画专业美术馆

町田市立国际版画美术馆

全世界为数不多的版画美术馆之一。1987年开馆，收藏从奈良时代直至现代的国内外版画珍品达3万件。除展览外，馆内还举办版画技法体验与现场制作等活动。

TEL：042-726-2771　东京都町田市原町田4-28-1
开馆时间：10:00-17:00（星期六、星期日与节日17:30闭馆）
闭馆日：星期一　门票：因专题而异
路线：JR横滨线等“町田”站下车步行约15分钟

FREE

充满明治浪漫的燃气灯

GAS MUSEUM

收藏明治时代以来的煤油灯、暖炉等燃气器具约1200件及锦绘约400件，并介绍其历史。博物馆复古的砖砌建筑外，一盏盏古董煤气灯竖立在宁静的庭院里，灯光点亮寂静的夜空，散发出一团团柔和的光辉。

TEL：042-342-1715　东京都小平市大沼町4-31-25
开馆时间：10:00-17:00　闭馆日：星期一
门票：免费　路线：西武池袋线“东久留米”站换乘西武巴士至“燃气博物馆入口”站下车步行约3分钟

part 1

COLUMN 周边商品精选

博物馆独家纪念商品，珍藏作家与作品的故事，唤起徜徉于文学艺术原野的快乐回忆。

将陶艺的感动带回家

明信片
菊池宽实纪念 智美术馆
（第24页）
菊池智藏品系列明信片。将陶艺的动人瞬间带回家永久珍藏，或赠予友人，分享一段美好的回忆。定价 108 日元。

藤本能道《陶额 翡翠图》1974年
（摄影：田中良）

冈本太郎伴身旁

钥匙链（太阳塔）
冈本太郎纪念馆（第46页）
冈本太郎代表作太阳塔的主题钥匙链。体形小巧，“太阳”表情调皮可爱。定价648日元。

随意变换造型的容器

空气器皿
TOTO画廊・间（第28页）
可以随意变换形状的纸质器皿。图中款式模拟盛水容器。灵感来源于生活。定价540日元。

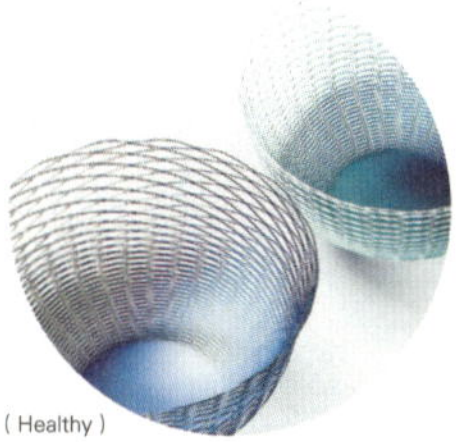

巽阳介（Healthy）

柔和的木纹与音色

落叶松响板
东京玩具美术馆（第86页）
信州的玩具匠人使用本地的落叶松精心制作的手工响板。握在手里能够感受到木头的温度。定价1296日元。

突发奇想的 LED 灯

Little Sun 太阳能 LED 灯
On Sundays
WATARIUM 美术馆（第 55 页）
艺术家奥拉维尔・埃利亚松(Olafur Eliasson)与工程师弗瑞德里克・奥特森（Frederik Ottesen）为了给没有电能供应的地区提供人工光源而共同设计的太阳能发电 LED 灯。定价 4309 日元。

漂亮的和式花纹

风吕敷
Tokyo Opera City Art Gallery
（第88页）
绘有阿龟①、火男②、狮子舞等传统和式纹样的风吕敷。画中人物表情丰富，布料颜色鲜艳。定价864日元。

① 日本传统女性面具，特征为圆脸、矮鼻、额小、垂发、高颊。又称为阿多福、阿福、乙御前、乙等。
② 日本传统男性面具，噘嘴，表情扭曲，造型滑稽。常作为小丑角色出现于日本传统祭典中。与之相对的女性面具为阿龟。

神奈川

浪漫的港口城市孕育出繁荣的文学与现代艺术。
海风为这片土地带来数不尽的恩惠与好运。

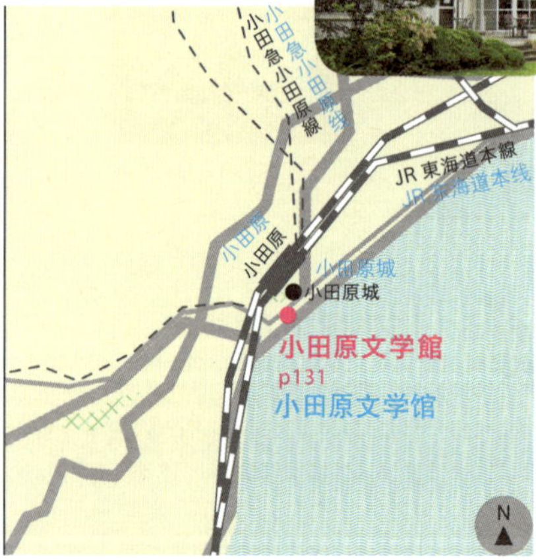

欣赏海滨城市的时尚魅力，
感受历史长风与现代艺术的
共鸣

箱根小王子文学馆

走进极致浪漫的法式古典花园
回顾圣艾克修佩利的传奇生涯

重现经典畅销书《小王子》的世界

小王子文学馆是为了纪念作家圣艾克修佩利而修建的《小王子》主题美术馆。建筑取景于法国街道，园内多处细节暗藏玄机，通过各种方式向原作与作者致敬。除了人物造形，更有许多作品爱好者才能发现的巧妙设计，如建筑物与作者的弟弟或者飞行伙伴同名，长椅上的标语“我命令你坐下”出自《小王子》中国王与王子的对话，细节表现令人会心一笑。

展厅内部介绍作者生平，公开照片、图画、信件等大量资料，讲述圣艾克修佩利的传奇人生。眼前掠过作者从幼年到人生最后阶段的一幕幕场景，行至末尾走出展厅，又一脚迈入繁花似锦的《小王子》世界。

A. 根据原作意象建造的红色蔷薇花园。
B. 作品立体模型展。
C. 作者生平展的入口。
D. 作者曾到过的教堂仿景。

1 作品氛围浓厚的主题设计

2 圣艾克修佩利生平展览

3 还原作者故乡风情的法式庭院

A

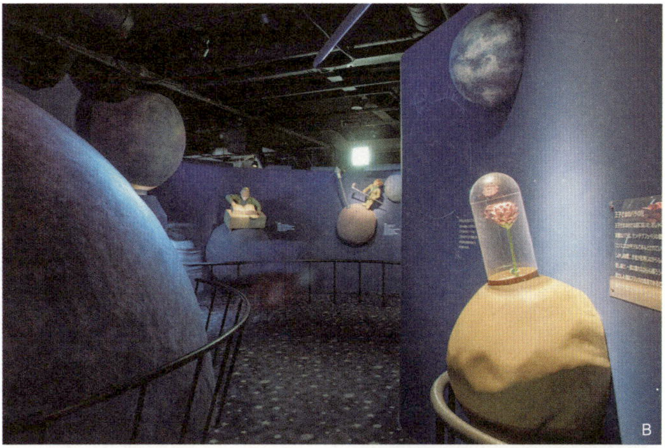
B

C

D

Information
TEL：0460-86-3700
神奈川县足柄下郡箱根町仙石原 909
开馆时间：9:00-18:00
（入馆时间截至 17:00）
闭馆日：无
门票：1600 日元（小学生与初中生 700 日元，高中生、大学生与 65 岁以上老人 1100 日元，需证明文件）
路线：小田急线箱根"汤本"站下车，换乘箱根登山巴士行约 30 分钟
http://www.tbs.co.jp/l-prince/

周边商店

日本最大的小王子主题商店

"五亿之铃"是日本国内最大的小王子主题商店。店内商品种类齐全，如毛绒玩具、坐垫、餐具、装饰品、文具、家居杂货等应有尽有。选择心仪的纪念品，将小王子之行的美好记忆带回家与亲友分享。

镰仓文学馆

川端康成等镰仓文士的心仪之所

寄寓于美丽洋馆的文学之魂

镰仓背山面海，风光明媚，自古以来人文荟萃。镰仓文学馆建于小丘之上，与由比滨遥遥相望。馆内收藏川端康成、大佛次郎等曾居住于镰仓的作家用品，以及故事背景设在镰仓的作品原稿等。

文学馆最初是前田侯爵家建造的别墅，美丽的造型与和洋融合的风格使其备受文人雅士的青睐，日本前首相佐藤荣作曾在此居住修养，三岛由纪夫小说《春之雪》中出现的别墅也是以它为原型。从洋馆凭窗眺望广阔的由比滨，与历代文士目睹同样的风景，感受镰仓文学的历史韵律。

A. 每逢春、秋两季，园中的玫瑰便会盛放。
B. 举办狂欢节、开租书店，镰仓文士之间曾有过密切互动，馆内展出其交流遗证。
C. 暖光渐欲迷人眼。
D. 展出镰仓文学以外的各类文学作品。

1 吸引众多文人墨客的镰仓胜景

2 绿树环绕的历史性建筑

3 以镰仓作为背景的文学资料展

A

B

C

D

Information
TEL：0467-23-3911
神奈川县镰仓市长谷 1-5-3
开馆时间：3 月—9 月 9:00-17:00，10 月—2 月 9:00-16:30（入馆时间截至闭馆前 30 分钟）
闭馆日：星期一（节日开馆）
门票：300 日元（小学生与初中生 100 日元）※ 各展览收费不同
路线：江之电“由比滨”站下车后步行约 7 分钟
http://www.kamakurabungaku.com/

周边景观

气氛怪异的招鹤洞

穿过正门沿坡向上，前方会出现一个覆盖绿叶、周生青苔的神秘隧道。传说源赖朝曾在此放归野鹤，隧道因此得名。沿路灯笼高悬，上面写着吟咏镰仓的文章，如松尾芭蕉的俳句及源实朝、正冈子规的短歌等。

BankART Studio NYK

邀请全世界
欢度艺术佳节

仓库改建为艺术馆

从 1953 年的日本邮船仓库改建而来，是展览绘画、原物体艺术、戏剧、舞蹈等的综合艺术馆。为市民提供自由接触艺术的空间，展区甚至扩展至艺术馆对面的横滨港与横滨市办公楼。周围的书店陈列着品质上乘的艺术书籍，旁边的咖啡馆里坐满了互动交流的艺术学习者，韩国、中国台湾等东亚艺术家也在这片艺术热土之上尽情地释放着灵感与能量。横滨从一个小小渔村发展成为能够代表日本的现代化港区，贯彻其中的横滨精神在艺术形式上得到了新的体现。

A. 与韩国多个城市合作举办的交流项目《续・朝鲜通信史》。
B. 邀请国内外艺术家进驻工作室，专心创作。
C. 自由运用空间的原口典之个展。

看点

1 保留仓库特性的展览空间

2 缤纷多彩的超常艺术形式

3 市民协助提供艺术展览地

A

B

C

Information
TEL：045-663-2812
神奈川县横滨市中区海岸通 3-9
开馆时间：因专题而异
闭馆日：因专题而异
门票：各展览收费不同
http://www.bankart1929.com/
路线：横滨港未来线“马车道”站下车后步行约 4 分钟

COLUMN

保留仓库特点的展览馆

艺术馆由善用建筑历史元素构造空间的“MIKAN”事务所担任改建工作。艺术馆建成后，梁柱上还残留着“载重6.6t/坪”的字样，造型艺术家川俣正使用木质载货板堆叠而成的作品几乎将整个工作室都包裹于其中，视觉冲击强烈。打破常规的仓库元素彰显艺术馆个性。

川崎市 藤子・F・不二雄博物馆

比动画更精彩的《哆啦A梦》原画

©Fujiko-Pro

看点

1

超过5万张漫画原稿

2

随处可见的角色形象

3

作者生前的心爱之物

B

C

D

《哆啦A梦》原画展

川崎市 藤子・F・不二雄博物馆收藏了《哆啦A梦》《小超人帕门》等藤子・F・不二雄创作的约5万张漫画原画，展出其中140余幅。出版漫画单行本前作者对一部分原画做出了修正，博物馆原封不动地展出修改稿，细致的笔触足见作者的用心。市面上的漫画单行本是黑白画面，只有在这里才能看到鲜艳的彩色图版。博物馆到处装饰着哆啦A梦，复制原画上贴着《小超人帕门》的机器人贴纸，处处体现童真童趣。在《哆啦A梦》的原画中可以看到一些笔误与催泪描写，比起动画，原画更能反映画家作为人类的真情实感。

A. 草地上聚集着众多人气角色，哆啦A梦正走向大家熟知的水泥管。
B. 视频里，哆啦A梦与大雄教人们如何画漫画。
C. 安静的照明展厅。
D. 在工作最繁忙的时候，画家仍不忘为家人制作礼物。图为画家手工制作的绘本展览。

Information
TEL：0570-055-245（9:30-18:00为客服时间）
神奈川县川崎市多摩区长尾2-8-1
开馆时间：10:00-18:00
闭馆日：星期二 * 有临时休馆期
门票：普票・大学生票1000日元（4岁—小学生500日元，初中生与高中生700日元）
* 完全预约制，预约需指定具体日期与时点，可在罗森便利店提前购票。
路线：小田急线・JR南武线“登户”站换乘川崎市直行巴士行约9分钟，至“藤子・F・不二雄博物馆”站下车即到
http://fujiko-museum.com

COLUMN

比起铜锣烧，老师更喜欢甜栗子？

除了作者的护照、心爱的相机等展览，还有一个地方吸引着忠实读者的目光，那就是“画家的桌子”。作者生前于伏案创作时逐渐失去意识，此后不久离开人世。站在桌前似乎能够看到他挑灯作画的背影。展览室的桌子上放着作者使用过的文具和女儿送给他的恐龙笔筒，垃圾箱里还能找到他生前最爱吃的甜栗子包装袋。

象鼻台

看点

1
造型多变的露天开放空间

2
向横滨港借景的艺术展览

3
横滨港作为艺术活动会场

Information
TEL：045-661-0602
神奈川县横滨市中区海岸通 1 丁目
开馆时间：10:00-18:00
闭馆日：全年无休
门票：免费
路线：港未来线“日本大通”站下车步行约 3 分钟
http://www.zounohana.com/

迎着横滨之风感受艺术脉动

“象鼻”是佩里二次来航后横滨成为通商口岸时修筑的防波堤，后因地震大部分沉没，现在的象鼻台是大堤复原时所建立的设施。象鼻台的窗户宽大，外景一览无余，放眼望去，红墙仓库与横滨港湾尽收眼底。除馆内展出的绘画、摄影作品之外，游客还可以看到利用全港作为背景的舞蹈与彩灯装饰，简洁空间中多变的艺术形态令人耳目一新。开馆 5 周年纪念时期，象鼻台请来了真正的大象坐镇。《穿越时空的象（Perry）》是象鼻台的标志性塑像，作为常设展品摆放在休息室内。

A. 带着便当午休的人们。
B. 人气餐品象鼻冰激凌（400日元）。
C. 谷川俊太郎题诗。

帆船日本丸·横滨港博物馆

看点

1

了解横滨港的构造与作用

2

学习横滨港的灿烂文化与动荡历史

3

帆船日本丸实景展示

Information

TEL：045-221-0280

神奈川县横滨市西区港未来 2-1-1

开馆时间：10:00-17:00（入馆时间截至 16:30）

闭馆日：星期一（适逢节日则为下一个工作日），有临时休馆期

门票：600 日元（65 岁以上老人 400 日元，小学生—高中生 300 日元）

* 以上为帆船日本丸与横滨港博物馆通票，单馆票价请参见官方网站

路线：JR 根岸线等"樱木町"站、港未来线"港未来"站或"马车道"站下车均步行约 5 分钟

http://www.nippon-maru.or.jp/

历经沧桑的横滨港

横滨港博物馆中收藏着许多船舶模型，如佩里舰队来航情景模型、支撑大栈桥的海底螺旋管道模型等，栩栩如生的微缩景观将横滨港的结构与作用以更直观的形式展现出来。通过展览可以了解横滨港的历史，关东大地震、太平洋战争，一次又一次的毁灭性打击都没能击垮这座生命力顽强的城市，横滨港从废墟中崛起，发展为如今的繁华都市。文化艺术展区介绍各种以横滨港为题材的文艺作品如电影与歌谣，模拟训练场提供专业的驾船指导。博物馆旁边停泊着素有"太平洋天鹅"之称的日本丸，这艘美丽的帆船自 1984 年退役后一直静静地栖息在横滨港中。

A. 位于港未来地区中心的横滨港博物馆。

B."开港前后的横滨"历史展角。后半部分展览港区构造。

谷内六郎馆

A

看点

1
《周刊新潮》的封面原画

2
不使用画具的杂志装饰画

3
令人怀念的旧日本风景图

Information
TEL：046-845-1211
神奈川县横须贺市鸭居 4-1
开馆时间：10:00-18:00
闭馆日：每月第一个星期一（节日开馆）
门票：310 日元（高中生、大学生、65 岁以上老人 210 日元）
* 包含横须贺美术馆展览门票
路线：京滨急行线“马堀海岸”站换乘巴士，“观音崎”方向行约 10 分钟至“观音崎京急酒店·横须贺美术馆前”站下车步行约 2 分钟
http://www.yokosuka-moa.jp/taniuchi/

面向大海的怀想

1956 年杂志《周刊新潮》创刊，谷内六郎从创刊号开始直至 1981 年生命结束一直担任《周刊新潮》的封面绘制工作，无一期遗漏。谷内六郎笔下的日本美丽又宁静，朴实的生活画面充满天真的乐趣，似曾相识的场景令人无限怀想逝去的童年时光。

谷内六郎馆位置紧邻横须贺美术馆，面向观音崎，空气中弥漫着海洋的气息。馆内展览谷内六郎的作品与画家绘制封面的杂志。杂志实物制作精良，细节运用巧思，画面中的阴影如同亲笔描画，沙砾制造凹凸质感，采用报纸拼贴手法装饰画面等，只有亲眼所见才能体会其中用心。杂志中的“封面寄语”是谷内六郎亲笔所写，语意诚挚，文如其画，画如其人。

A. 收藏约1300幅原画。画家不受杂志封面空间的限制，运笔自如。

小田原文学馆

看点

1
南欧式建筑与寂静的庭院

2
热爱小田原的文学家展览

3
白秋童谣馆与尾崎一雄书斋

A

Information
TEL：0465-22-9881
神奈川县小田原市南町 2-3-4
开馆时间：9:00-17:00（入馆时间截至 16:30）
闭馆日：只在年末、年初闭馆
门票：250 日元（小学生与初中生 100 日元）
路线：JR 东海道本线等“小田原”站东口下车步行约 20 分钟，或换乘箱根方向巴士于“箱根口”站下车步行约 5 分钟
http://www.city.odawara.kanagawa.jp/public-i/facilities/literature-museum/bungakukan.html

B

秀美庭院多文士

被斋藤绿雨笔下“山好海好天气好”的小田原吸引的文士不在少数。小田原文学馆收藏着小田原文人的资料，其中既有本地出身的北村透谷、牧野信一、尾崎一雄、川崎长太郎等人，也包括谷崎润一郎、坂口安吾、三好达治等迁居于此的异地文士。创作出《雨》等大量童谣的北原白秋曾在小田原居住长达 8 年之久，园内的白秋童谣馆展出相关作品与资料。第五届芥川赏获奖者尾崎一雄的书斋迁入本馆后，在书斋开放期间可以看到作家心爱的望远镜及威士忌等生活物品。除常设展览之外，小田原文学馆每年还举办数次特别展。

A. 文学馆原为宫内大臣田中光显伯爵的别墅。
B. 原稿、遗物、电影海报等。

自然公园里的海洋生物博物馆

叶山潮骚博物馆

叶山潮骚博物馆位于叶山潮骚公园内，展览叶山水域的海洋生物。在这里能看到各种生物标本，包括馆内独家珍藏的昭和天皇御赐标本与许多珍贵的深海生物，还有游艇模型可以观赏。沿着海岸静静散步时，有兴趣可入馆一观。

TEL：046-876-1155　神奈川县三浦郡叶山町一色2123-1
开馆时间：8:30-17:00　闭馆日：星期一
门票：300日元等（入园费）　路线：JR横须贺线“逗子”站换乘京滨急行巴士至“一色海岸”站下车步行约1分钟

世界上规模最大的实景模型

原铁道模型博物馆

原铁路模型博物馆收藏、展出铁路模型收藏家兼制作家原信太郎的藏品。在这里能看到世界上规模最大的铁路实景模型，不仅精于形态，就连火车运行的声音也配备齐全，观者无不惊叹其巧妙。馆内的照片图书馆展出全世界的稀有铁路照片，每日第一号车票展也是一大看点。

TEL：045-640-6699
神奈川县横滨市西区高岛1-1-2 横滨三井大厦2F
开馆时间：10:00-17:00　闭馆日：星期二
门票：1000日元等
路线：JR湘南新宿线等“横滨”站下车步行约5分钟

©原铁道模型博物馆

熠熠生辉的珠宝琉璃

箱根莱俪美术馆

馆内收藏法国工艺巨匠荷内·莱俪（René Lalique）的作品。日常展出艺术品约230件，包括璀璨夺目的珠宝及香水瓶、花器、室内装饰品等。馆内保存着法国豪华列车东方快车的一段车厢，车厢内为游客提供精美食品与优质服务。徜徉于莱俪精美绝伦的艺术世界，享受奢华优雅的时光。

TEL：0460-84-2255　神奈川县足柄下郡箱根町仙石原186-1
开馆时间：9:00-17:00　闭馆日：无休　门票：1500日元等
路线：箱根登山铁路“箱根汤本”站换乘箱根登山巴士，至“仙石案内所前”站下车步行约5分钟

住宅区中的现代美术馆

粕谷之森现代美术馆

坐落于闲静的住宅区里，常设展出约瑟夫·博伊斯（Joseph Beuys）、白南准等名家作品，每年举办5—6次专题展与茶会等活动。与美术馆衔接的竹林里摆放着宫胁爱子的作品，可以一边散步一边欣赏。

TEL：046-852-3030　神奈川县横须贺市平作7-12-13
开馆时间：10:00-18:00　闭馆日：星期一、星期二
门票：600日元等
路线：JR横须贺线“衣笠”站下车步行约15分钟

记录港町历史的资料馆

横滨开港资料馆

横滨开港资料馆建于英国总领事馆旧址之上。馆内收藏了从幕末至昭和初期约25万件横滨历史资料，展览包括浮世绘、古文书等。资料馆中庭的红楠在庆应大火与关东大地震等多次危机中幸存下来，成为历史的见证。

TEL：045-201-2100　神奈川县横滨市中区日本大通3
开馆时间：9:30-17:00　闭馆日：星期一
门票：200日元等
路线：港未来线“日本大通”站下车步行约2分钟

3000余件锡铁玩具藏品

横滨锡铁玩具博物馆

玩具收藏家北原照久开办的博物馆。馆内展览19世纪90年代至20世纪60年代期间生产的锡铁玩具3000余件，其中多数为日本制造。博物馆由旧洋馆改装而来，所在街道充满异国风情，优美的环境给人以穿越时空般的体验。

TEL：045-621-8710　神奈川县横滨市中区山手町239
开馆时间：9:30-18:00（星期六、星期日与节日19:00闭馆）
闭馆日：无休　门票：200日元等
路线：港未来线“元町·中华街”站下车步行约5分钟

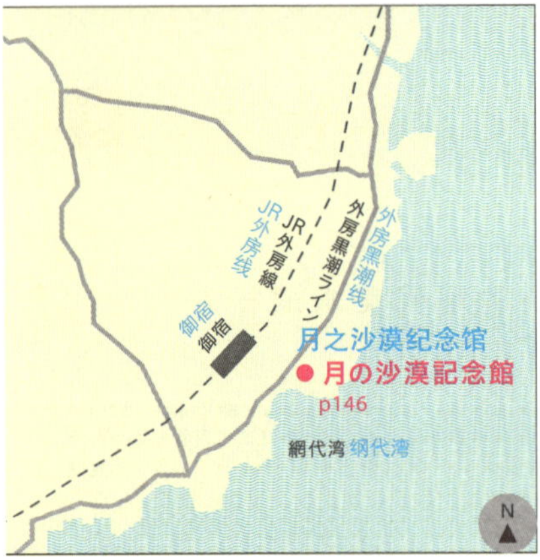

放松心情，
开启一日游

千叶

千叶地区自然风景优美，诞生许多写实型与体验型艺术馆，
不拘一格的主题带来难以言喻的新鲜感。
远离日常生活，享受旅行时光的美妙。

安食
安食
下总松崎
下総松崎
JR 成田線
JR 成田线
房总之村
房総のむら p142
印幡郡
印幡郡
成田湯川 成田汤川
成田天空快线
成田スカイアクセス線
成田
成田
京成佐仓
京成佐倉
本美术馆
本美術館
p146
佐倉
佐仓
松山庭园美术馆
松山庭園美術館
p136
東京国際空港
ゴルフ倶楽部
东京国际机场
高尔夫俱乐部
八日市場
八日市场
JR 总武本线
JR 総武本線
成东
成東
JR 総武本線
JR 总武本线
JR 東金線
JR 东金线
九十九里浜
九十九里滨
外房線
外房线
土气
土気
保木美术馆
ホキ美術館
p138
大网
大網
JR 外房线
JR 外房線
舞鹤乡村俱乐部
舞鶴カントリー倶楽部
市原湖畔美术馆
市原湖畔美術館 p140
高泷乡村俱乐部
森永高滝
カントリー倶楽部
N

松山庭园美术馆

享受邻家做客般
悠然惬意的时光

有猫闲庭信步的美术馆

艺术家此木三红大的一部分工作室公开后成立松山庭园美术馆。园内绿树成荫，常有鸟儿啁啾，树叶鸣响；植被茂盛的庭园里摆放着造型怪异的废铁雕塑，引人驻足细看。只一处庭园就足以留住游人的脚步。

除了此木的绘画与雕刻作品之外，美术馆也展出此木创作时作为参考的各类艺术藏品及千叶县本地艺术家的作品，如千叶县铫子出身的版画家金子周次等。

猫是松山庭园美术馆的一大特色。此木夫妇在馆内饲养了十多只猫咪，于作品旁或坐或卧或嬉戏玩耍，无比娇憨可爱。游客可以参与馆内的沙龙，与此木夫妇面对面交谈，同时欣赏浅井忠、三岸好太郎、村山槐多、霰光、长谷川利行等艺术家的画作。

A. 阳光潜入绿林，在地上投下金色的斑点。
B. 沙龙里悠然自得的猫。
C. 穿过落满枫叶、长满青苔的树林，现代艺术风格的庭园呈现在眼前。
D. 猫咪也构成作品的一部分。

1
令人心旷神怡的绿色庭园

2
与创作者本人交流的机会

3
穿梭于作品间的可爱猫咪

A

B

C

D

Information
TEL：0479-79-0091
千叶县匝瑳市松山 630
开馆时间：10:00-17:00
闭馆日：星期一至星期四（节日开馆）
门票：800 日元（小学生、初中生 400 日元）
路线：JR 总武本线“八日市场”站下车换乘计程车约行 10 分钟
http://matuyamaartmuseum.web.fc2.com/

COLUMN

如走入艺术家的私宅

美术馆门口两边各立一座虎形石像与松树，沿路摆放造型奇特的雕像，表示对访客的热情欢迎。美术馆由此木三红大亲手设计而成，占地约2000坪[①]，馆内和风庭院与洋风庭园巧妙衔接，沙龙仿佛艺术家的客厅一般温馨舒适，美术馆的整体氛围轻松惬意。

① 土地面积单位，1 坪≈3.3 平方米。

保木美术馆

全世界难得一见的
写实绘画专业美术馆

A

追求超越照片的真实感画

保木美术馆专门收藏写实绘画，展览人类双眼捕捉到的现实艺术。写实绘画的画面精细入微，大畑稔浩的作品《濑户内海风景——川尻港》尤其典型，据闻绘者为了能够准确作画，就连肉眼不可见的远景也特意赶到当地临场绘制。

写实绘画不只是对视觉现实的如实描绘，画家作画时感受到的空气状态与画家本人的情感也表现于画纸之上。如此各具特色的现实性画作数幅陈列于同一展厅，如同眼见无数个真实却又互相区别的平行世界。

美术馆建筑配合作品特点设计而成，相连的曲线构造出仿佛流动的空间，却又互不遮挡视线。如秘境般奇幻的建筑与作品所描绘的现实互相对峙，展现出惊心动魄的美感。

A. 具有艺术感的圆形沙发。
B.《我的代表作》专题展。游客可一边听讲解一边观赏。
C. 悬空展厅。

1
细致缜密的写实绘画精品

2
以黑白为主色调的展览室

3
独具匠心的建筑空间设计

B

C

Information
TEL：043-205-1500
千叶县千叶市绿区明日见丘东 3-15
开馆时间：10:00-17:30
（入馆时间截至 17:00）
闭馆日：星期二
门票：1800 日元
（初中生 900 日元，高中生、大学生、65 岁以上老人 1300 日元）
路线：JR 外房线“土气”站下车后换乘千叶中央巴士，“明日见丘 Brand New Mall”方向“明日见丘东 4 丁目”站下车步行即到
https://www.hoki-museum.jp

周边商店

每一幅作品都有对应的明信片

保木美术馆几乎将馆藏的所有作品都做成了明信片，这在美术馆中实属罕见。美术馆半年更换一次展品，但店里的明信片常年贩卖，在店里可以看到现时并未展出的馆藏作品，内容之丰富相当于一座小型美术馆。

市原湖畔美术馆

倡导亲身体验重在
参与的现代美术馆

1 充满趣味的现代艺术

2 作品与环境融为一体

3 亲身体验，直观感受

B

晴空碧波环绕的美术馆

市原湖畔美术馆坐落于高泷湖畔，与青山绿水为伴。馆内气氛轻松活泼，展品趣味性强，如立体曲网等可以进入玩耍的体验型艺术品数量居多。为了改善人们心目中现代艺术难以亲近的印象，馆内举办各种创作体验活动，鼓励游客参与其中，亲身感受艺术的魅力。钢筋混凝土建造而成的美术馆乍看严肃冷冽，但细节处处透露着温馨，馆区导览图与作品保护说明书都绘制成卡通像素图的模样，拉近与游客之间的距离。馆内所有展区连为一体，整个美术馆就像一件巨大的艺术品。

A. 青空与雕塑 *Heigh–Ho*。
B. 宽阔通透的空间与新奇大胆的展览是这间美术馆最吸引人的地方（引自《开发好明①：中2病展》）。
C. 藤原式抽水机如一座瞭望塔，周围风光尽收眼底。
D. 由700多根长管构建而成、可以玩耍的艺术品。

① 日本现代艺术家。

Information
TEL：0436–98–1525
千叶县市原市不入 75–1
开馆时间：10:00–17:00（星期六、假期前一天 9:30–19:00，星期日、节日 9:30–18:00）
闭馆日：星期一（适逢节日则为下一个工作日）
门票：展览不同收费不同
路线：小凑铁道“高泷”站下车，换乘计程车约行 10 分钟
http://lsm–ichihara.jp

D

COLUMN

位于房总半岛中心的高泷湖

市原湖畔美术馆因建于高泷湖畔而得名。高泷湖风景秀丽，水上装饰着一座形似昆虫的雕像，在阳光照射下闪闪发亮。每逢星期六，美术馆的闭馆时间延长至下午7点，游客可以尽情欣赏傍晚的湖心风光。对面落日西沉，美术馆华灯初上，湖面流光溢彩，景色如画。

房总之村

走进江户的大街小巷
倾听历史，感悟生活

穿越时空的旅行

房总之村通过建立村镇实景还原房总的历史原貌，再现江户至明治时期武家、商户、农户的生活场景，展示真实的古坟群与复原的竖穴居室，使游客获得身临其境般的体验，同时传播房总地区的历史与传统文化。

房总之村分为几个不同的场景区域，其中“商户街景”以江户后期的商户建筑为模型建造而成，商铺内部是传统文化体验区，游客可以参与蜡烛制作、手擀荞麦、木工等传统技艺的教学活动。商铺2楼相当于小型博物馆，展览行业相关物品，如展览浮世绘的书店“葛饰堂”等。绸缎行、锻造铺，五行八作齐聚，热闹非凡。中级武士与名主①的住宅各有特点，比较其中差异，感受制度与文化的作用力。

A. 时代剧经常来此地取景拍摄。
B. 在武家宅邸可以试穿武士甲胄与和式罩衫。
C. 每年举办印染、制蜡等350多种体验活动。
D. 每一栋建筑内都设有小型展览室。

① 江户时代担任镇、村地区行政代表的商人或农民。

1 商户与武家房舍林立的江户街景

2 可以亲身体验的传统工艺作坊

3 店铺里的小型博物馆与美术馆

A

B

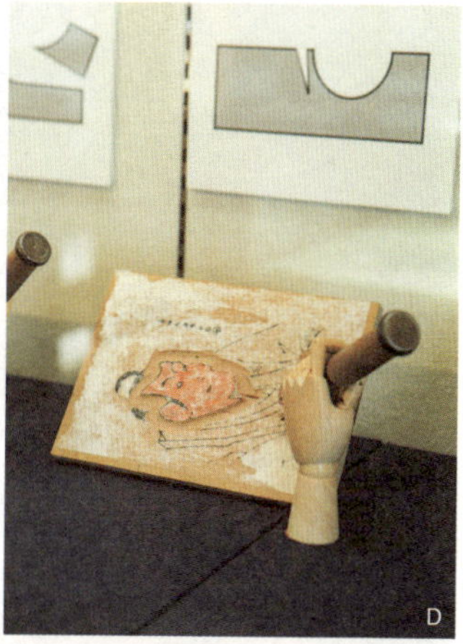

D

C

Information
TEL：0476-95-3333
千叶县印旛郡荣町龙角寺 1028
开馆时间：9:00-16:30（因时节而异）
闭馆日：星期一（适逢节日则为星期二）
门票：300 日元（高中生、大学生 150 日元）
路线：JR 成田线“安食”站下车换乘千叶交通巴士，“龙角寺台车库”方向“房总之村”站下车步行约 3 分钟
http://www.chiba-muse.or.jp/MURA/

周边景观

森林里的古坟

“风土记之丘”资料馆展示从原始时期至中世时期[①]的土器等文物，门票免费，可付费体验勾玉的制作过程。资料馆附近有78座古坟，第101号古坟周围约有120件埴轮[②]，士兵、狗、马、水鸟等形态各异，甚是有趣。

① 日本的中世指从镰仓至战国时代。
② 日本古坟顶部和坟丘四周排列的素陶器的总称。

船桥安徒生公园儿童美术馆

绿野芳原里的艺术体验型美术馆

1 亲身体验艺术制作

2 与作品近距离接触

3 童话秘境般的公园

多姿多彩的艺术工作室

日本船桥市与丹麦童话作家安徒生的故乡欧登塞互为友好城市。在两市结谊三周年之际，船桥市成立了船桥安徒生公园儿童美术馆。美术馆坐落于广阔的船桥安徒生公园内，公园面积可达36.7万平方米，树木葱郁，仿佛隐藏在人间的童话世界。美术馆一年举办四次专题展览，开设多种艺术体验项目，允许游客近距离接触作品，创作者也会亲临工作室担任讲师，拉近人与艺术之间的距离。馆内还设有素材工坊，游客可参与制作，体会木艺、陶艺等不同形式的艺术魅力。早上制陶，中午野餐，下午织布，度过充实有趣的一天。

A. 洒满阳光的工作室。
B. 对大人和孩子都具有吸引力的专题展。
C. 在由丹麦专业器材搭建的“安徒生摄影厅”里，孩子们在扮演拇指姑娘。
D. 绿茵上的鱼形起重机。

Information
TEL：047-457-6661
千叶县船桥市金堀町525船桥安徒生公园
开馆时间：9:30-16:00（因时期而异）
闭馆日：星期一（节日开馆）
门票：900日元（4岁以下儿童100日元，小学生与初中生200日元，高中生600日元）
路线：新京成线“三笑”站下车，换乘新京成巴士，“西科姆医院（SECO-MEDIC）”方向行驶约15分钟于“安徒生公园”站下车，步行约1分钟
http://www.park-funabashi.or.jp/and/

COLUMN

树桩&常设展览

“地中馆”位于地下一层，常设展出空罐、纸材等环保材料制造的幻想性作品。馆内斜立着一截粗壮的土色圆柱，这正是地面上巍然挺立的水杉的根部。透过柱壁可以看到细长卷曲的根须抱土而生，使人联想到童话中鼹鼠的故事。

阿拉伯风格建筑与《月之沙漠》

月之沙漠纪念馆

月之沙漠纪念馆根据童谣《月之沙漠》的意象建设而成，是一座海边纪念馆。阿拉伯风格建筑还原歌曲描绘的场景，馆内收藏作词者加藤氏的作品与相关资料。纪念馆附近的沙滩公园里树立着曲中骑骆驼的王子与公主的铜像。

TEL：0470-68-6389　千叶县夷隅郡御宿町六轩町505-1
开馆时间：9:00-17:00　闭馆日：星期三
门票：400日元等　路线：JR外房线“御宿”站下车步行约10分钟

玻璃温室里的4.8万株花朵

三阳花卉博物馆

三阳花卉博物馆的温室里生长着约1600种热带、亚热带植物。除温室栽培外，馆内也设有花艺教室与莫奈沙龙，沙龙中可以看到莫奈所作《睡莲》的复制品。整个博物馆沉溺在花的海洋里。

TEL：043-277-8776 千叶县千叶市美滨区高滨7-2-4
开馆时间：9:30-17:00　闭馆日：星期一　门票：300日元等
路线：JR京叶线“稻毛海岸”站下车，换乘海滨交通巴士于“花之美术馆”站下车，步行约5分钟

小林一茶故地的茶与俳句

一茶双树纪念馆

为纪念俳句诗人小林一茶与其挚友双树（第五代秋元三左卫门）而成立，由安政时期的建筑改造而成，茶室建造[①]古朴雅致。茶馆一茶庵与双树亭建于枯山水庭院中，例行举办茶会与俳句会。

TEL：04-7150-5750　千叶县流山市流山6-670-1
开馆时间：9:00-17:00　闭馆日：星期一　门票：100日元等
路线：JR武藏野线筑波快运“南流山”站下车步行约25分钟

FREE

收藏650余件珍贵刀剑

塚本美术馆

塚本美术馆建于佐仓城下，是一座专门收藏刀剑的美术馆。馆藏刀身400件、刀鞘250件，对外展出其中约20件。在塚本美术馆中可饱览名家珍品，观赏古代制刀材具，回顾刀光剑影中的历史。

TEL：043-486-7097　千叶县佐仓市里新町1-4
开馆时间：10:00-16:00　闭馆日：星期一、调休日、12月下旬-1月初旬、3月下旬　门票：免费　路线：JR总武本线等“佐仓”站下车步行约20分钟

① 指采用茶室风格建造而成的住宅。

part 2

COLUMN 周边商品精选

凝聚心血创作而成，设计独一无二。
赠予亲朋好友，畅谈旅行见闻，分享美好的回忆。

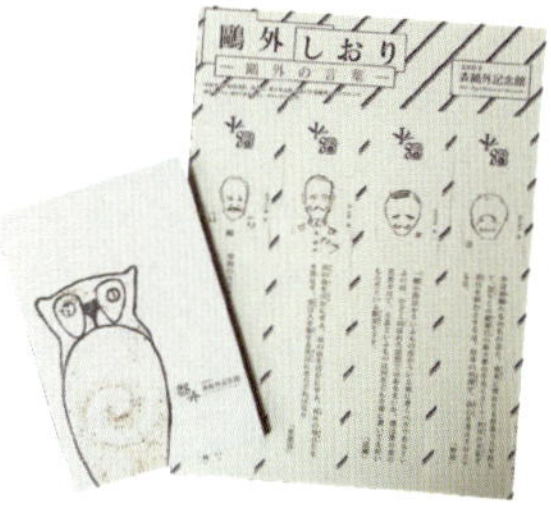

纪念馆原创的森鸥外纪念品

森鸥外短笺（左）
森鸥外书签（右）
文京区立森鸥外纪念馆（第38页）
书签上的头像是浅井忠等4名画家笔下的森鸥外；短笺上的猫头鹰则出自森鸥外本人之手（定价各350日元）。

黑田清辉名作置于掌心

明信片
黑田纪念馆（第72页）
将名作带在身边，随时随地欣赏。《湖畔》里身着浴衣的美人为盛夏炎暑带来一丝凉意。定价每张100日元。

亮晶晶的水果工艺

苹果镇纸
小型玻璃书籍博物馆（第60页）
玻璃制作的苹果镇纸圆实饱满，水亮通透，令人爱不释手。定价1080日元。

爱猫人士的必备图章

纸町铜版画作坊
橡皮图章
Gallery猫町（第36页）
图章为手工雕刻，描绘了一只做出人类肢体动作的怪相猫咪。对于猫咪周边，人类总有许多奇思妙想。定价1944日元。

送礼绝配的贺卡

PAMOJI 小型寄语贺卡
名片与纸制品博物馆（第 62 页）
贺卡选用香蕉茎秆为原材料的香蕉纸。“PAMOJI” 是香蕉纸发源地赞比亚的当地语言，意为 “共同”。定价 216 日元。

触动少女心的古典手帕

梦二小风吕敷
竹久梦二美术馆（第40页）
手帕尺寸的风吕敷，上面印染梦二所绘的草莓图案。适合搭配和服，大小正好用来包便当。定价648日元。

埼玉

盆栽、万花筒、俳句、化石……
历史与浪漫在此相遇。
四处走走，不出一日就能发现埼玉之魅力所在。

迈开双脚
感受埼玉的风土人情

东武伊势崎线
東武伊勢崎線
加须市
加須市
花崎
花崎
佐藤荣纪念21世纪美术馆
サトエ記念21世紀美術館
p156
鷲宮
鷲宮
久喜
久喜
上越新干线
上越新幹線
JR高崎线
JR高崎線
东北新干线
東北新幹線
平成之森公园
平成の森公園
远山纪念馆
遠山記念館
p156
埼玉文学馆
さいたま文学館
p156
桶川
桶川
浅間台大公園
浅间台大公园
土呂
土呂
埼玉市大宫盆栽美术馆
さいたま市大宮盆栽美術館 p150
市営大宮球場 市营大宫球场
大宮
大宫
川越
川越
京高尔夫俱乐部
ゴルフ倶楽部
东武东上线
東武東上線
埼玉市青少年宇宙科学馆
さいたま市青少年宇宙科学館
p154
北浦和
北浦和
浦和
浦和
JR东北本线
JR東北本線
日本万花筒博物馆
日本万華鏡博物館
p152
川口
川口
东京都
東京都

埼玉市　大宫盆栽美术馆

通过观赏学盆栽

凝缩于盆景的植物之美

埼玉市大宫盆栽美术馆位于曾经拥有30余座盆栽园、被称为“盆栽村”的大宫区，是世界第一座公立盆栽美术馆。馆内收藏着数量庞大、类型丰富的盆栽艺术品。即使是完全没有接触过盆栽的人，观摩后也能具备一定的盆栽素养。

美术馆在知识展板上详细地列举了各种盆栽知识，如盆栽的分类法、从干枯的树干中体会美感的盆栽鉴赏法等，要点突出，简明易懂，同时配合绘有盆栽的浮世绘等生动形象的资料，使观者自然而然地掌握盆栽鉴赏的核心。

接受过知识科普，再去观赏园内千姿百态的盆栽实景，眼中的盆栽不再是单调的植物片段，一枝一叶开始变得生动可感起来。

A. 多个观景角度。
B. 鳞片状的干枯树皮与活着的树干缠绕在一起。
C. 和室装饰讲求“真、行、草”三道格局。
D. 绘有盆栽的浮世绘展览。

1
简明扼要的知识展板

2
40~50件贵重盆栽

3
盆栽浮世绘等艺术资料

A

B

C

D

Information
TEL：048-780-2091
埼玉县埼玉市北区土呂町 2-24-3
开馆时间：9:00-16:30（11-2 月 16:00 闭馆）
闭馆日：星期四（节日开馆）
门票：300 日元（小学生与初中生 100 日元，高中生、大学生、65 岁以上老人 150 日元）
路线：JR 宇都宫线“土呂”站东口下车步行约 5 分钟
http://www.bonsai-art-museum.jp/

COLUMN

与贵重盆栽合影留念

“贵重盆栽”指数量稀少、具有历史价值的盆栽。右图的花梨曾是日本前首相佐藤荣作与岸信介的心爱之物，是馆内头号贵重盆栽。历经岁月的花梨如今依然枝繁叶茂，开花结果，姿态雍容优雅。与盆栽一起合影留念，象征未来吉祥如意，福运连连。

日本万花筒博物馆

透视万花筒的三百年历史

看点

1
欣赏2500余件万花筒收藏

2
了解19世纪至今的万花筒历史

3
亲手制作万花筒，学习内部构造

不可思议、趣味无穷的万花筒乐园

万花筒传入日本后，新鲜有趣的光学现象引起人们极大的兴趣，万花筒成为糖果店吸引孩子的招牌玩具。又因土产文化的盛行，日本成为万花筒普及程度最高的国家。

日本万花筒博物馆收藏着全世界各年代的万花筒，藏品产地远至19世纪万花筒的诞生地苏格兰。馆内面向来访者的项目分为观赏路线与制作路线两种，观赏路线可以在解说指导下观看万花筒，欣赏万花筒收藏家大熊进一的约2500件藏品；制作路线则可以亲手制作万花筒，通过实际体验理解万花筒的具体构造。

许多人对于万花筒的记忆还停留于昏暗的三棱镜成像时期，当他们看到博物馆里左右不对称变换的万花筒及如教堂彩绘玻璃一般晶莹剔透的圆像万花筒时，想必会大吃一惊吧。

A.“二战”后日本出口美国的万花筒。外包装写有“MADE IN OCCUPIED JAPAN”字样。
B. 万花筒的图案受镜片数量与形状的影响。
C. 馆长通过实际操作展示万花筒的构造、介绍万花筒的历史。
D. 产于19世纪的珍贵万花筒。

Information
TEL：048-255-2422
埼玉县川口市幸町 2-1-18-101
开馆时间：10:00-19:00（入馆时间截至 18:30）
* 优先预约整点时段
闭馆日：不固定（如有预约，星期日与节日照常开馆）
门票：观赏路线 1000 日元（约 40 分钟）、制作路线 2500 日元（约 60 分钟）
路线：JR 京滨东北线“川口”站下车步行约 5 分钟
http://nihonmangekyouhakubut-sukan.jimdo.com

COLUMN

镜片选择影响映像效果

上图是19世纪英国与美国制造的万花筒。20世纪80年代以后，万花筒开始使用单面反射镜片，画面因此得到质的提升。随着时代的进步，历代万花筒都曾在人们眼中映出何种景象，不由令人浮想联翩。

埼玉市青少年宇宙科学馆

FREE

看点

1
宇宙立体教科书般的展览

2
如漫步星空的“空间之路”

3
演示天体运行的高科技天象仪

Information
TEL：048-881-1515
埼玉县埼玉市浦和区驹场 2-3-45
开馆时间：9:00-17:00
闭馆日：星期一（适逢节日则为下一个工作日）
门票：免费
* 天象仪 510 日元（4 岁—高中生 200 日元）
路线：JR 京滨东北线等“浦和”站换乘国际兴业巴士，“北浦和站东口”方向经由运动场路线至“宇宙科学馆入口”站下车步行约 3 分钟
http://www.kagakukan.urawa.saitama.jp

回归童年时代，探索宇宙之谜

航天员若田光一担任名誉馆长。馆内的天象仪兼具电子与光学两种功能，视图细化至 13 等星，完美再现天体运行景观。奇幻的科学体验给大人也带来持续不断的新鲜感。

“宇宙广场”展区介绍人类科学所能达到的知识领域，如太阳系的构成、四季星座变化等，在这里还能看到人类对宇宙的开发史。“宇宙之谜”展区介绍亟待人类探索发现的未知领域，如与黑洞及银河系诞生紧密相关的暗物质等。“空间之路”等展览模拟宇宙空间，置身其中如同游走于太阳系众星之间，通往未知世界的浪漫旅程由此展开。

A. 航空服、国际宇宙空间站的卧室、卫生间等模型展示。
B. 在“空间之路”的长廊里体验漫步宇宙的乐趣。

小鹿野化石馆

看点

1
珍奇索齿兽的骨骼标本

2
小鹿野地区出土的贝类、蟹类等化石群

3
世界各地的小型化石展

A

B

Information
TEL：0494-75-4179
埼玉县秩父郡小鹿野町下小鹿野453
开馆时间：9:00-17:00（入馆时间截至16:30）
闭馆日：星期二（适逢节日则为下一个工作日）
门票：300日元（小学生与初中生200日元）
路线：西武池袋·秩父线“西武秩父”站换乘西武观光巴士行约35分钟，至“泉田”站下车步行约20分钟
http://www.town.ogano.lg.jp/menyu/kankou/midokoro/kasekikan/kasekikan.html

古老的化石与地层

小鹿野化石馆位于化石资源丰富的小鹿野地区，背靠日本国家天然纪念物阳崖，地理位置得天独厚。馆内收藏周边地区发掘的化石，素来以“不可思议的远古生物”著称的索齿兽化石也保存在这里。

蕨类植物的化石影子看上去就像现代抽象画，紫掘居海胆化石奇形怪状，还有小型生物化石如虾、海胆、蚊子等，远古物种的丰富程度远远超出人们的认知，令人不禁惊叹于自然造物之神奇。

在距离东京不甚遥远的地方发掘化石，现代文明成果与远古自然遗迹形成鲜明对比，反差诞生浪漫。宫泽贤治曾与同学一起来过此地，面对10万年前的遗景，作家是否也曾有过同样的心情呢？

A. 索齿兽的化石模型。
B. 据推测，阳崖下层沉睡着索齿兽等大型远古生物。

与艺术融为一体的日本庭院

佐藤荣纪念21世纪美术馆

主要展示与本土相关艺术家作品的近现代艺术展馆。除绘画作品外，占地广阔的日式庭院也美不胜收。草坪上矗立20余座雕刻作品，艺术之形与自然之色相映成趣，随四季变换展现不同的景致。

TEL：0480-66-3806　地址：埼玉县加须市水深大立野2067
开馆时间：10:00-17:00　闭馆日：星期一
门票：900日元等
路线：东武伊势崎线“花崎”站下车后步行约20分钟

幽静田园中欣赏宅邸与工艺之美

远山纪念馆

纪念馆展出日兴证券之祖远山家族的旧宅与庭院，藏品以古代美术品为主。宅邸运用昭和初期最先进的工程技术建造而成，设计与用料极尽奢华。精心修剪的绿园更衬托出和式建筑的端庄典雅之美。

TEL：049-297-0007　地址：埼玉县比企郡川岛町白井沼 675
开馆时间：10:00-16:00　闭馆日：星期一
门票：700 日元等　路线：JR 埼京线“川越”站换乘东武巴士至“牛谷户”站下车后步行约 15 分钟

与田山花袋等文豪的邂逅

埼玉文学馆

收藏田山花袋、中岛敦等本土相关文学家作品的博物馆。馆内保存着4000余件永井荷风的相关资料，包括作家的亲笔书稿与珍贵的初版书籍。埼玉文学馆设有图书馆，陈列本土相关作家的著作与同人志等大量书籍。

TEL：048-789-1515　地址：埼玉县桶川市若宫1-5-9
开馆时间：10:00-17:30　闭馆日：星期一与每月第四个星期二
门票：210日元等　路线：JR高崎线“桶川”站下车后步行约5分钟

COLUMN 博物馆游览六要素

在去往博物馆之前，希望读者能先阅读以下六个游览要素。没有长篇大论，只做简单说明，让你的博物馆之行更充实快乐。

1

服装简便易行

大家都希望外出游览时能够打扮得美丽得体，但博物馆的展览并不仅限于平面或远观形式，装置艺术等展区都需要游客运用身体投入参与，此时繁复的衣着反而会成为你的阻碍，甚至有可能对艺术品造成影响。不如从一开始就轻松上阵，穿上短裤与运动鞋，全心全意沉浸于艺术世界，忘却身外之物。

2

用铅笔做笔记

游览途中，遇到喜欢的艺术家或作品想要记录备忘时，切记使用铅笔记录而非圆珠笔。圆珠笔或钢笔的墨迹有可能沾染作品，使用铅笔记录是对作品与博物馆的基本尊重。忘记携带时也可以求助于客服中心。

3

自然光展厅的秘密

为了保护作品，多数展览室不会选择直射光等强光源照明。如果有展厅采用自然光照明，极有可能是因为自然光也是艺术的一部分构成要素。或能凸显建筑物的特性，或烘托美术馆的主旨与特色。在这种情况下多注意欣赏光照与环境之间的融合，能发现许多意想不到的收获。

4

“常设”与“馆藏”不代表必然展出

博物馆的“常设”展览有可能定期更换展品，“馆藏”则代表博物馆所拥有的作品，不一定作为展品对外开放。如果只是为了看某件特定作品远道来馆，建议先咨询、了解该作品的具体情况再做决定。

5

不懂就问学艺员

观展时多听学艺员的讲解，有助于在自我观感上加深对作品的理解与感悟。许多学艺员开办的讲座与谈话会无须预约，免费参加。学艺员博学多闻，多与他们交流定会受益匪浅。

6

事先浏览博物馆主页

从博物馆的官方网站上可以找到许多有用的信息，如派发优惠券、因作品修整或者更换展品而暂时闭馆等。浏览博物馆网站时不要只关注展览内容，及时查看导览信息也许会有意外的帮助。

后记

不满足于日常现状，想要有所改变时，美术馆、博物馆与文学馆能为我打开视野，创造新的契机。

无须花费大量的时间与金钱，只要一个小时车程就能抵达各国文化与艺术的集中地，完成从日常场景到江户时代甚至宇宙空间的瞬时转移。

我们从书中学习人类的生活经验，通过书籍认识世界；观展与读书类似，都能带来新的信息与充实的欢喜。而实地展览更胜一筹的是，能够在现实的立体空间中感受文学与艺术的形态，体会场馆的文化氛围，获得想象所不能及的实际体验。

途经街道美得令人不禁驻足细看；场馆建筑设计独具匠心；专题资料出乎意料地翔实有趣；为文学馆作家的人格所倾倒，不由得对其作品产生浓厚兴趣……诸如此类相遇相识，正是美术馆、博物馆与文学馆独有的魅力所在。

小型馆更具有闲情逸趣。观展不仅可以放松心情，绰有余裕，更因作品类型小众，可一人独享珠玉之作。在无人干扰的展览室里，一个人面对跨越千年的历史遗物，或与心爱的艺术作品单独对话。如此奢侈的时光，如何不令人心生向往。

假日在家悠闲读书虽好，但走出家门，在博物馆的世界度过一段独一无二的时光，同样乐趣无穷。

增山香

美术指导
樱井久

设计
铃木香代子（樱井事务所）

摄影
宫地真吾
山田优李

地图制作
小泉正敬

协助制作
筱崎亮

编辑
静内二叶

图书在版编目（CIP）数据

东京文艺地图 /（日）增山香著；齐修译 .—北京：中国友谊出版公司，2018.6
ISBN 978-7-5057-4358-8

Ⅰ . ①东… Ⅱ . ①增……②齐… Ⅲ . ①博物馆—介绍—东京 Ⅳ . ① G269.313
中国版本图书馆CIP数据核字（2018）第071500号

书名 东京文艺地图
作者 [日] 增山香
译者 齐修
出版 中国友谊出版公司
发行 中国友谊出版公司
经销 新华书店
印刷 北京盛通印刷股份有限公司
规格 880 毫米 ×1270 毫米　32 开
5.5 印张　29 千字
版次 2018 年 6 月第 1 版
印次 2018 年 6 月第 1 次印刷
印数 10000
书号 ISBN 978-7-5057-4358-8
定价 38. 00 元
地址 北京市朝阳区西坝河南里 17 号楼
邮编 100028
电话（010）64668676

如发现图书质量问题，可联系调换。质量投诉电话：010-82069336

____年____月____日

____年____月____日

___年___月___日

____年____月____日

____年____月____日

____年____月____日

____年____月____日

____年____月____日

____年____月____日

___年___月___日

____年____月____日

____年____月____日

___年___月___日

___年___月___日

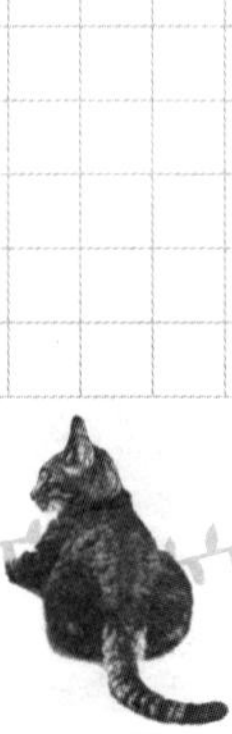

____年____月____日

____年____月____日